# MADEMOISELLE DE KÉROUARE

PAR

JULES SANDEAU

ET

ARSÈNE HOUSSAYE.

PARIS.
VICTOR MAGEN, ÉDITEUR,
QUAI DES AUGUSTINS, 21.

—

1843

# MADEMOISELLE
# DE KÉROUARE.

Paris. — Imprimerie et Fonderie de REGNOUX, rue Monsieur-le-Prince, 29 bis.

# MADEMOISELLE DE KÉROUARE.

**Première Partie.**

A six lieues de Nantes, non loin de Clisson, sur le bord de la Sèvres, s'élève à mi-côte, au milieu des bois, le château de Kérouare, un des plus poétiques débris qui couvrent à cette heure la terre de Bretagne. Incendiées par l'armée républicaine, après la bataille de Torfou, les habitations qui se groupaient autrefois au pied de la colline n'ont pas été relevées; le château seul est resté debout, pareil à un guerrier qui, ayant vu tomber autour de soi tous ses compagnons d'armes, cesse de combattre et attend gravement la mort. Cette demeure est inhabitée, mais depuis quelques années à peine, et il s'y est accompli tout récemment un drame touchant et simple.

Ce fut en 1815, que le comte de Kérouare rentra dans le domaine de ses pères. C'était un de ces vieux fidèles, dont la légitimité aura pour jamais emporté le type dans un pli de son linceul; race de preux avec laquelle menacent de s'éteindre en France la poésie du dévouement et la religion du passé. Il rentra pauvre dans son château ruiné, sans songer à demander compte de son sang et de sa fortune. Il s'oubliait, on l'oublia : l'histoire des restaurations est aussi l'histoire des grandes ingratitudes. Il importait peu d'ailleurs au comte de Kérouare, qui ne pensa pas un instant qu'on dût se souvenir de lui : noble cœur qui s'ignorait lui-même, et n'était pas plus avant dans le secret de ses sacrifices que les maîtres qu'il avait servis. Il suspendit modestement à son chevet son épée vendéenne, et se voua tout entier à l'amour de sa fille, fruit unique et tardif d'un hymen qui n'en espérait plus. Madame de Kérouare était morte en lui donnant le jour.

Marie de Kérouare grandit et s'éleva dans ce château féodal, comme une fleur dans un vase gothique. Son enfance égaya le toit sombre; sa jeunesse l'embellit d'une grâce divine. Elle fut à seize ans l'orgueil et la joie de son père. On parle d'elle encore à Clisson, où elle allait entendre la messe les dimanches et les jours de fêtes. C'était une belle fille à la fois grave et souriante, qui portait sur son visage la fière dignité des Kérouare, adoucie par le suave éclat de la jeunesse. Elle tenait de sa mère une âme délicate et tendre, et de ses aïeux un caractère aventureux et chevaleresque qu'avait encore développé son éducation solitaire. Son père l'avait bercée avec de belliqueux récits; tout ce qui l'entourait l'avait entretenue de cette guerre de Vendée, féconde en héroïsmes de tout genre, si bien que dans cette atmosphère de glorieux souvenirs, sur ce sol toujours brûlant, sous ce ciel peuplé de grandes ombres, son imagination dut naturellement s'exalter de bonne heure, et ne point s'attarder dans les sentiers battus de la réalité. C'est en effet ce qui arriva. Mais elle tempérait cette exaltation précoce par une adorable bonté. A cheval, les cheveux au vent, on eût dit une jeune guerrière ; près de son père, on l'eût prise pour Antigone. Son père fut, à vrai dire, la grande passion de sa trop courte vie. Elle l'aimait d'une tendresse non commune, les besoins de son cœur n'allaient pas au-delà, et lorsque M. de Grand-Lieu demanda au comte de Kérouare la main de sa fille, Marie n'avait point encore songé qu'il existât un autre amour et d'autres liens que ceux qui l'attachaient à son père.

Cependant cette union était depuis longtemps le rêve des deux familles. Le comte de Kérouare et le père de M. de Grand-Lieu avaient été frères d'armes. Rentrés en même temps dans leurs châteaux voisins, après avoir, durant près de vingt ans, partagé les mêmes dangers et combattu sous le même drapeau, ils avaient achevé de vieillir dans le doux espoir d'unir un jour leurs enfants l'un à l'autre, et lorsque M. de Grand-Lieu mourut, précédant son ami dans la tombe, ç'avaient été son dernier vœu et ses derniers adieux à son fils. Marie n'était alors qu'un enfant. Maître de sa fortune et de sa destinée, le jeune de Grand-Lieu voyagea et ne revint qu'au bout de quelques années. C'était à son retour un homme d'un extérieur froid et réservé, ce qu'on est convenu d'appeler une âme silencieuse, élégant d'ailleurs et de belles manières, un véritable gentilhomme. Il retrouva Marie sans paraître frappé de sa grâce et de sa beauté; il revit M. de Kérouare sans rien rappeler du passé. Leurs relations semblaient devoir se borner à un échange d'exquises politesses : mais un beau jour, soit amour, soit piété filiale, soit qu'il cédât à ses propres instincts, soit qu'il crût n'obéir qu'aux derniers désirs de son père, M. de Grand-Lieu demanda la main de Marie.

M. de Grand-Lieu était jeune, noble de cœur, d'esprit et de figure; il n'y avait rien en tout ceci qui pût raisonnablement effaroucher une imagination de seize ans. Toutefois Marie s'effraya. Elle n'avait pas de répugnance à ce mariage; elle appréciait dignement les hautes qualités de M. de Grand-Lieu; mais elle ne se sentait pas irrésistiblement entraînée. Puis, elle était si jeune encore! De son côté, le comte de Kérouare, bien que cette alliance comblât ses vœux les plus chers, ne s'était point habitué à l'idée de voir passer sitôt dans les bras d'un époux l'unique joie de sa vieillesse. Il fut décidé qu'on attendrait quelques années encore; mais les paroles furent échangées, et dès lors ces deux jeunes gens purent se regarder comme fiancés. Ces dispositions ne changèrent presque rien à la nature de leurs relations. M. de Grand-Lieu, il est vrai, se montra plus assidu, mais ni plus tendre ni plus expansif ; de façon qu'au bout de six semaines, mademoiselle de Kérouare avait tout oublié, et que sa vie, un instant troublée, avait repris son cours habituel. Peut-être n'eût-il pas été impossible de saisir sous l'apparente froideur de ce grave jeune homme les indices certains d'une passion vraie et profonde; mais cette aimable et charmante fille, que savait-elle de la passion et que pouvait-elle y connaître?

Un jour pourtant elle en eut une vague révélation. Comme ils chevauchaient dans un des sentiers verts qui longent la Sèvres Nantaise, l'alezan que montait Marie s'emporta. La rivière était proche, l'animal fougueux, le danger imminent. M. de Grand-Lieu se jeta à bas de son cheval, et n'eut que le temps de recevoir Marie entre ses bras. Il était pâle, défait, sans haleine, et, le voyant ainsi, la jeune fille se prit à sourire.

— Si je m'étais tuée, comment donc seriez-vous? dit-elle.

— Je me tuerais, répondit-il froidement.

Mademoiselle de Kérouare demeura, le reste du jour, silencieuse et préoccupée. Mais cette impression s'effaça vite, et la cruelle enfant finit par en rire, tant ce mouvement passionné contrastait singulièrement avec les habitudes calmes et réservées de M. de Grand-Lieu.

Les choses en étaient là, lorsque des affaires d'intérêt amenèrent à Nantes la sœur du comte de Kérouare. Son frère ne lui avait jamais pardonné ce qu'il appelait une mésalliance, et, depuis vingt années au moins, toute relation fraternelle avait cessé d'exister entre eux. Après 1815, le vieux comte avait repoussé plus que jamais toute espèce de rapprochement avec M. Duvivier, son beau-frère, qui comptait parmi les membres les plus influents du libéralisme; et telle avait été là-dessus son inexorable rigueur, que sa fille ne s'était jamais doutée jusqu'alors qu'elle eût d'autre famille que son père. Madame Duvivier, bonne femme d'ailleurs, avait longtemps souffert de l'inflexibilité de cet orgueil breton, puis, à la longue, elle en avait pris son parti. Mais à Nantes, près de ce frère autrefois tant aimé, près du toit héréditaire qui avait abrité leur enfance, elle sentit son cœur s'attendrir, et ses yeux se mouiller de larmes. L'air natal est puissant; il garde éternellement le parfum de nos jeunes années; c'est l'air frais et sonore du matin de la vie, et nul ne peut le respirer sans ressaisir quelque image envolée, quelque mélodie de son printemps. Quoi qu'il en soit, madame Duvivier ne put se décider à partir sans avoir fait une dernière tentative de réconciliation; elle espérait de l'influence des lieux, de l'émotion des souvenirs, surtout de l'intervention de sa nièce et de celle aussi de son fils.

Un matin donc, un jeune étranger se présenta au château de Kérouare. Il aborda le comte d'un air timide et tremblant, et comme il ressemblait trait pour trait à la jeunesse de sa mère, le comte sentit tout d'abord son cœur troublé en le voyant. Il y eut un instant d'hésitation et de silence, puis enfin, d'une voix émue :

— Je suis le fils de votre sœur, dit le jeune homme en levant les yeux.

— Votre sœur! s'écria Marie, présente à cette entrevue.

— Embrasse ta cousine, répondit brusquement M. de Kérouare, dont le cœur, lorsqu'il était fortement remué, tenait du soldat pour le moins autant que du gentilhomme.

Octave baisa respectueusement la main de la jeune fille, tout étonnée de se trouver en moins d'un instant à la tête d'une tante et d'un cousin.

— Je ne veux pas voir ta mère, ajouta M. de Kérouare d'une voix altérée. Où est-elle ?

A ces mots, la porte du salon s'ouvrit et madame Duvivier parut. Son frère lui ten-

dit les bras, et tous deux se tinrent longtemps embrassés, tandis que les deux jeunes
gens s'observaient l'un l'autre d'un air à la
fois surpris et charmé.

Madame Duvivier et son fils passèrent trois
mois au château. Précisément à cette époque,
M. de Grand-Lieu fut obligé de s'absenter,
et cette absence se prolongea au delà du
terme qu'il avait lui-même assigné. Octave
était ce qu'on peut appeler un charmant jeune
homme, ardent, enthousiaste, tout en dehors,
cœur, esprit, tête au vent, élégant, disert,
déjà rompu aux façons du monde, mais naïf
encore et dans sa fleur; en un mot toutes
les grâces de la jeunesse. M. de Kérouare
l'eût volontiers aimé sous un autre nom, mais
au fond il ne lui pardonnait pas son père.
Durant les trois mois que sa sœur passa près
de lui, je ne pense pas qu'il lui soit arrivé de
prononcer le nom de Duvivier. Toutefois il sut
s'abstenir de toute vaine récrimination, et
ces trois mois de famille improvisée s'écoulèrent comme un jour enchanté, les deux

vieillards mêlant leur souvenirs, les deux enfants leurs espérances. L'heure du départ fut cruelle. M. de Kérouare et sa sœur comprirent, en se quittant, qu'ils ne devaient plus se revoir sur cette terre. Leurs adieux furent pénibles, et pourtant ils ne savaient pas tout ce que leur séparation coûtait de douleur et de larmes.

C'est à partir de ce moment qu'un changement, insensible d'abord, s'opéra dans l'humeur et dans le caractère de mademoiselle de Kérouare. Rêveuse, distraite, inoccupée, elle devint en peu de mois sombre, bizarre, inexplicable. Elle s'observait devant son père, mais elle se cachait pour pleurer. Le retour de M. de Grand-Lieu l'irrita ; sa présence lui fut importune. Il n'y eut que sa tendresse pour son père qui demeura inaltérable. Aussi M. de Kérouare fut-il le dernier à s'apercevoir de ce changement de manières. Pour donner l'éveil à sa sollicitude, il fallut la pâleur de sa fille qu'amaigrissaient de secrets ennuis. En effet, en moins de quelques mois, Marie avait perdu le bel éclat de la jeunesse; son front se voila, ses lèvres se décolorèrent, l'azur de ses yeux se ternit. M. de Kérouare l'interrogea; mais elle répondit qu'elle était heureuse et qu'elle ignorait elle-même ce qu'il pouvait y avoir de changé dans sa vie, puisqu'elle avait, comme autrefois, l'amour de son père adoré. Il est vrai qu'en parlant ainsi, son pâle sourire se voilait de pleurs, et le vieillard sentait bien que son enfant n'était pas heureuse.

En ceci, M. de Grand-Lieu se montra d'une bonté parfaite; si Marie s'en irrita parfois, elle en parut plus souvent touchée. Plus d'une fois elle fut tentée de s'ouvrir à lui et de lui confier le mal de son âme : mais la crainte d'affliger son père refoula toujours dans son sein le secret près de s'en échapper; peut-être aussi la crainte d'offenser ce noble jeune homme dont rien n'avait pu décourager la grave sollicitude, ni les silences boudeurs, ni les caprices mutins, ni les sauvages tristesses. Ce qu'elle n'osait dire, une mère l'aurait deviné : mais les hommes, je parle des plus clairvoyants et des plus subtils, qu'entendent-ils à ces jeunes cœurs? M. de Kérouare, à force de chercher, finit par découvrir, lui, qu'il serait prudent de ne plus retarder davantage une union déjà trop différée peut-être. M. de Grand-Lieu répondit tranquillement qu'il doutait de la chose, qu'elle était cependant possible, qu'il était prêt d'ailleurs et qu'il n'avait pas de plus chère ambition.

Consultée par son père, mademoiselle de Kérouare répondit, comme toujours, qu'elle était heureuse, que rien ne pressait, qu'il conviendrait plutôt d'attendre quelques années encore, et qu'enfin elle n'avait point de hâte. Tout cela fut dit d'une voix caressante, le regard suppliant, les bras autour du cou du vieux père, le tout mêlé de tendres reproches et de plaintes presque amoureuses. — Êtes-vous las de votre enfant? ma présence vous gêne-t-elle? Vous tarde-t-il à ce point de partager mon cœur et ma tendresse? suis-je donc pour vous un si cruel embarras? serait-il vrai que vous ne chérissez plus votre fille? — Et mille cajoleries d'enfant gâtée qui n'aime pas l'homme que son père lui veut faire épouser.

M. de Kérouare n'insista pas, et porta la nouvelle de sa défaite à M. de Grand-Lieu, qui, sans paraître s'en émouvoir le moins du monde, répéta avec un sang-froid britannique qu'il était prêt et n'avait pas de plus chère ambition.

Depuis le départ de leurs hôtes, Marie avait souvent parlé de sa tante, et de loin en loin d'Octave à son père. Mais au bout de quelque temps, les antipathies de M. de Kérouare, un instant assoupies, s'étaient réveillées plus vives que devant. L'opposition libérale devenait de jour en jour plus terrible et plus menaçante. Dans toutes les attaques dirigées contre le trône, M. Duvivier apparaissait toujours au premier rang, et le compte rendu de la Chambre jetait M. de Kérouare dans une telle exaspération, que Marie avait pris le parti de lire en cachette le journal avant de le remettre à son père, pour l'égarer quand la séance était orageuse et que le nom de son oncle y revenait par trop souvent. On devine aisément ce que la pauvre fille dut consommer ainsi de méchant français et de sottes harangues. Mais les grands dévouements sont les jeux de l'amour. Malheureusement le journal ne pouvait s'égarer tous les jours, et le comte, qui, de tout temps, avait regardé son château comme un des sanctuaires les plus purs de la monarchie, en arriva bientôt à ne pas se pardonner à lui-même d'avoir pu recevoir sous le toit des Kérouare le fils d'un des ennemis les plus acharnés de la royauté.

— Mais, mon père, disait parfois Marie de sa plus douce voix, ne craignez-vous pas d'être injuste envers le fils de votre sœur?

— Ventre-saint-gris ! s'écriait le vieux comte, qui ne haïssait pas de jurer comme Henri IV ; injuste envers ce jeune loup !

— N'est-ce pas vous, mon père, s'empressait d'ajouter Marie en s'appuyant coquettement sur l'épaule du vieillard, qui jouez ici le rôle du loup, et mon cousin ne serait-il pas plutôt l'agneau se désaltérant dans le courant d'une onde pure?

Mais le vieux Kérouare n'entendait là-dessus raison ni raillerie. C'était le seul point sur lequel sa fille ne pût espérer le fléchir, et lorsqu'elle l'essayait, il se portait bientôt à des excès de langage, qui, s'ils n'eussent fait toujours pleurer Marie, l'auraient souvent fait sourire.

— Les Duvivier! s'écriait-il, en froissant le journal entre ses mains et en le jetant avec colère; les Duvivier! Mais tu ne les connais pas! C'est une famille de brigands, une bande de loups-cerviers, une race de régicides. Le père de celui-ci siégeait à la Convention : il a voté la mort de Louis XVI. Lui, le Duvivier mon beau-frère, fait-il autre chose à cette heure qu'aiguiser la hache du bourreau? Ces gens-là chassent de race; de père en fils, il leur faut une tête de roi. Je jurerais qu'il s'est trouvé en Angleterre un

Duvivier pour voter la mort du roi Charles. Ce sont les Duvivier qui perdront le trône et la France.

— Mais Octave, mon père...

— C'est un louveteau qui lèchera le sang qu'aura versé son père.

— Le fils de votre sœur...

— Ventre-saint-gris ! elle n'est plus ma sœur. Voici plus de vingt ans qu'elle a renié les Kérouare, et, Dieu merci ! les Kérouare le lui ont rendu.

— Un jeune homme si doux, mon père, et qui semblait tant vous aimer !

— Il a l'œil fauve de son père.

— Des yeux bleus comme l'azur du ciel !

— Je l'ai bien observé : j'ai découvert en lui des appétits féroces, des instincts sanguinaires !

— Octave ! cet aimable jeune homme !

— C'est un Marat qui pousse ! Un jour tu le verras continuer l'œuvre des Duvivier à la Chambre. Eh ! vive Dieu ! que Sa Majesté Charles X n'entre-t-elle un beau jour dans son parlement et ne met-elle, le fouet à la main, tous ces bavards et tous ces bandits à la porte! Le roi Louis XIV n'en agissait pas autrement.

Tout ce que disait Marie ne faisait qu'exaspérer son père, et la pauvre enfant finissait toujours par baisser humblement la tête et se retirait en pleurant.

Les appréhensions de M. de Kérouare étaient, dans leur exagération, moins folles qu'on aurait pu le croire. Il arriva qu'un jour l'air retentit d'un grand coup de foudre: la terre de Vendée tressaillit, les bois se remplirent de bruits sinistres, les épées rouillées frémirent dans leurs fourreaux. M. de Kérouare brisa la sienne : il n'avait plus de sang à donner; d'ailleurs, à la façon dont venaient de se passer les choses, il avait compris tout d'abord que la lutte était insensée, la résistance vaine, le succès impossible. On ne le vit point se mêler aux mouvements qui se firent alors : il cria silence à un reste de sang qui voulait se répandre, et, s'enfermant dans ses regrets, il se plaignit seulement à Dieu de l'avoir laissé vivre assez longtemps pour être témoin d'un si grand désastre. Ce qui restait en lui de séve et de verdeur se flétrit, comme dans les rameaux d'un arbre déraciné. En moins d'un jour, en moins d'une heure, avec la fatale nouvelle tous ses ans fondirent et pesèrent sur sa blanche tête. Il tomba dans une sombre mélancolie que rien ne put distraire, pas même les caresses de sa fille qui semblait avoir oublié ses préoccupations pour ne plus songer qu'aux nobles ennuis de son père. Mais tout fut inutile, et Marie finit par retomber elle-même dans ses rêveuses tristesses. Pendant ce temps, M. de Grand-Lieu, qui, sous un flegme apparent, cachait une humeur belliqueuse et des opinions exaltées, allait de château en château, étudiant les esprits, encourageant les faibles, se concertant avec les forts, payant partout de son nom et de sa personne, et mettant au service de ses convictions l'ardeur de sa jeunesse et l'activité de son âme. Il n'appa raissait plus que de loin en loin à Kérouare pour y apporter des nouvelles du dehors. Marie semblait indifférente à toutes choses; son père souriait tristement à ces folies chevaleresques.

Cependant un mal inconnu consumait la jeune châtelaine. Depuis quelques mois surtout, ce mal faisait des progrès rapides. Un soir, à la lueur de la lampe, devant un des premiers feux de l'automne, M. de Kérouare se prit à contempler sa fille qui avait interrompu un ouvrage de tapisserie et s'était oubliée dans une méditation douloureuse. Il fut frappé de la pâleur de ses traits et de l'amaigrissement de son visage; ses joues étaient baignées de larmes qui coulaient sans effort et sans bruit.

M. de Kérouare se leva, prit entre ses mains la jeune et blonde tête, et la pressant sur son cœur:

— Tu souffres, tu pleures, qu'as-tu? s'écria-t-il.

Marie se réveilla comme d'un rêve. Elle

voulut essuyer ses yeux, mais son père l'en empêcha, et la retenant sur son sein :

— Pleure et dis-moi la source de tes larmes ; quelle qu'elle soit, je la tarirai, dit-il en couvrant de baisers le front de la chère éplorée.

Marie éclata en sanglots.

— O mon père, dit-elle, le secret qui me tue vous tuerait ; mais dût-il seulement affliger votre cœur, j'aimerais mieux mourir que de vous le confier à ce prix.

— Il est impossible, mon enfant, dit M. de Kérouare en caressant les cheveux de Marie, que tu ne t'exagères pas la gravité de tes confidences. Ouvre-moi ton âme que tu n'aurais jamais dû me fermer. Tu n'as pas besoin de pardon ; mais s'il en était autrement, il n'est rien que mon amour ne puisse pardonner.

Tendre et sévère en même temps, la voix de M. de Kérouare suppliait et commandait à la fois.

Marie s'arracha des bras qui l'étreignaient,

et, se laissant glisser aux genoux du vieillard, elle lui prit les mains et les arrosa longtemps de larmes et de baisers. Elle resta longtemps ainsi ; puis enfin, faisant un long effort sur elle-même :

— Mon père, vous le voulez? dit-elle. Eh bien... eh bien, mon père, je n'aime pas M. de Grand-Lieu. Lorsque je vous laissai engager votre parole et la mienne, je croyais, je pensais que je pourrais l'aimer un jour. Alors cela me semblait facile ; il me semblait que mes inclinations ne pouvaient aller longtemps à l'encontre de vos désirs. Pardonnez-moi : je me trompais. J'ai bien essayé, j'ai bien longtemps prié mon cœur, bien longtemps je l'ai tourmenté ; j'ai bien souffert, j'ai bien attendu ; mais vainement, et je sens, hélas ! qu'il faut renoncer à la tâche. Cependant l'époque de ce mariage approche, et voilà, mon père, ce qui tue votre enfant.

M. de Kérouare demeura silencieux, le front chargé de nuages sombres.

— Ma fille, dit-il enfin d'une voix lente

et grave, es-tu sûre de ne pas aimer M. de Grand-Lieu ?

— Oh! oui, mon père, s'écria-t-elle.

— Es-tu sûre de ne pouvoir jamais l'aimer? Ce mariage révolte-t-il tes goûts et tes instincts? Est-ce là ce qui tue ma fille bien-aimée?

— Oui, mon père, murmura-t-elle.

Après un nouveau silence, plus long encore que le premier :

— Ma fille, dit M. de Kérouare en se levant, je vais, en vue de votre bonheur, faire ce que je n'aurais jamais fait pour éviter la mort aux jours où j'aimais la vie, aux meilleurs jours de ma jeunesse. Que les Kérouare me pardonnent de faillir ainsi à leur antique loyauté! Pour vous, ma fille, je vais redemander à un homme de cœur la parole que vous et moi lui avons librement donnée.

Marie embrassait les genoux de son père.

— O mon père! s'écria-t-elle, si vous croyez notre foi à ce point engagée, laissez le sacrifice s'accomplir.

M. de Kérouare se dégagea doucement des étreintes de sa fille, et se disposa sur-le-champ à écrire à M. de Grand-Lieu.

Marie ne put réprimer un mouvement de joie et de délivrance ; elle n'avait dit que la moitié de son secret, mais désormais elle était libre et l'avenir lui appartenait.

M. de Kérouare s'était assis devant une table, et la plume tremblait dans sa main.

— C'était mon dernier rêve, mon dernier espoir, dit-il d'une voix étouffée. O mon enfant ! quand je ne vivrai plus, — et ce sera bientôt, ma fille, — n'oubliez pas à quel point vous aima votre père ; rappelez-vous que vous m'avez été plus chère que l'honneur, et que la voix de votre douleur m'a commandé plus impérieusement que celle de ma conscience.

A ces chers accents, mademoiselle de Kérouare sentit son âme éperdue.

— Laissez-moi mourir! s'écria-t-elle.

Le vieillard la repoussa avec bonté.

Mais comme il allait écrire, le galop d'un

cheval s'arrêta devant le château, et presque au même instant M. de Grand-Lieu entra dans le salon. Il était pâle et plus grave que d'ordinaire.

## Deuxième Partie.

M. de Kérouare et sa fille, en voyant entrer M. de Grand-Lieu, pressentirent un grand malheur, quelque chose d'irréparable. Tous deux s'étaient levés pour le recevoir ; d'un geste silencieux, M. de Grand-Lieu les pria de s'asseoir, et, après avoir pris place vis-à-vis d'eux :

— Monsieur le comte, dit-il d'une voix

émue, je viens vous rendre votre parole : mademoiselle, vous êtes libre, ajouta-t-il en s'adressant à Marie.

L'orgueil blessé étouffa d'abord chez le vieux gentilhomme la joie qu'il aurait dû ressentir de cette déclaration inespérée ; Marie remercia Dieu dans son cœur.

— Ne m'interrompez pas, reprit aussitôt M. de Grand-Lieu. Mademoiselle, je vous aime, et Dieu m'est témoin qu'à cette heure encore je payerais de mon sang la suprême félicité d'unir mon existence à la vôtre. Je vous aime, monsieur le comte, je vous aime, je vous vénère, et n'ai point cessé d'apprécier l'honneur de votre alliance. Cette alliance était le rêve de mon père ; il s'endormit dans cet espoir, et cet espoir qu'il me transmit fut mon plus précieux héritage. Je dois y renoncer. Lorsque je demandai la main de mademoiselle de Kérouare, tout me souriait ; il me semblait alors qu'en échange du bonheur que je sollicitais, j'avais, de mon côté, quelque bonheur à donner, humble sans doute et bien modeste, mais enfin je pouvais, sinon sans présomption, du moins sans trop d'égoïsme, offrir à une âme généreuse le partage de ma destinée. Il m'était doux d'entrevoir que ma fortune s'anoblirait encore en relevant la vôtre, et que vous pourriez, monsieur le comte, vous reposer sur moi de vos préoccupations les plus chères. Il m'était doux aussi, mademoiselle, de penser qu'à force de soins, de tendresse et de sollicitude, je pourrais vous faire une vie qui ne fût pas trop indigne de votre nom, de votre grâce et de votre beauté. Il n'y faut plus songer; désormais je n'ai plus rien que mon amour. La meilleure partie de cette fortune que j'étais heureux de mettre à vos pieds vient d'être engloutie dans un abîme; j'en ai reçu ce matin la nouvelle. Les haines politiques me poursuivent; déjà je suis en butte à de lâches vengeances. A l'heure où je vous parle, les bois de Grand-Lieu sont en flammes. Qui sait s'il restera demain pierre sur pierre du château de mes aïeux? Pauvre, proscrit, rebelle, sans asile, je ne traîne plus après moi qu'une destinée maudite. Reprenez donc, ami de mon père, la parole que vous m'aviez donnée; soyez libre, vous qu'il me fut permis d'appeler la fiancée de mon cœur. Il ne m'appartient pas de vous entraîner dans ma ruine.

M. de Kérouare et Marie demeurèrent atterrés sous le coup de ces terribles paroles. La foudre en tombant à leurs pieds les eût frappés l'un et l'autre de moins de stupeur et de moins d'épouvante. Avant l'arrivée de M. de Grand-Lieu, tous deux pouvaient encore dégager leur foi sans faillir rigoureusement à l'honneur. Mais le pouvaient-ils à cette heure? pouvaient-ils reprendre sans honte la parole que M. de Grand-Lieu offrait de leur rendre avec tant de générosité? Nul ne saurait dire, Dieu seul a pu savoir ce qui se passa en cet instant dans le cœur du dernier des Kérouare. Il s'agissait de choisir entre le malheur de sa fille et le déshonneur de son nom; il n'était pas d'autre alternative. Ce fut alors que Marie se leva, digne enfant de sa noble race.

— Monsieur de Grand-Lieu, dit-elle d'une voix haute et ferme, s'il ne vous appartient pas de nous entraîner dans votre ruine, il nous appartient, à nous, de vous y suivre. Votre pauvreté nous est plus chère que votre fortune. Tant que ce château sera debout, vous ne manquerez pas d'asile, et s'il est vrai que vous m'aimez, voilà ma main, monsieur, elle est à vous.

A ces mots, mademoiselle de Kérouare tendit sa main qui ne tremblait pas.

— Bien, mon sang! bien, ma fille! s'écria le vieux comte éperdu. Viens dans mes bras, héroïque enfant; viens sur mon cœur, orgueil de ma vieillesse!

Et il pressait sur son sein les deux jeunes gens qu'il avait réunis dans une même étreinte.

Durant toute cette scène, mademoiselle de Kérouare demeura à la hauteur de son sacrifice. Elle imposa silence aux scrupules de M. de Grand-Lieu et fixa elle-même, dans un temps rapproché, l'époque de leur mariage. Le comte de Kérouare savait bien ce qu'il en coûtait ; mais il acceptait l'immolation de son enfant avec l'inflexible égoïsme de l'honneur, le plus dur, le plus inexorable de tous les égoïsmes. D'ailleurs le vieux gentilhomme était loin de penser que sa fille dût en mourir. Il ne croyait pas aux antipathies invincibles, et, jugeant M. de Grand-Lieu très-digne en tout point d'être aimé, il se disait que nécessairement Marie l'aimerait à la longue. Et en effet, pour M. de Kérouare, qui n'avait pas un instant soupçonné que le cœur de Marie pût ne pas être libre, qu'était-ce après tout que ce grand dévouement ? M. de Grand-Lieu était jeune, d'une beauté mâle et fière, brave comme l'épée de son père : Marie se consolerait bien vite. M. de Grand-Lieu ne se retira que fort avant dans la nuit. Restée seule avec le comte, la jeune fille ne laissa rien paraître de l'état de son âme. Elle rassura le vieillard sur l'étendue de son sacrifice, et ne se sépara de lui qu'avec le sourire sur les lèvres. Comme la victime antique, pour marcher à l'autel, elle se couronnait de fleurs. Mais lorsqu'elle ne se sentit plus soutenue par l'exaltation du moment, ni contenue par la présence de son père, une fois seule dans sa chambre, face à face avec la réalité, son désespoir éclata, et son cœur, libre enfin, s'épancha en ruisseaux de larmes.

— O mon père! s'écria-t-elle d'une voix déchirante, sommes-nous quittes enfin? Vous m'aviez offert le sacrifice de votre honheur; je vous immole, moi, mon bonheur, mon amour et ma vie. Votre fille a-t-elle assez fait pour l'orgueil de votre nom? Suis-je assez frappée et assez misérable? Êtes-vous satisfait, mon père?

Elle marchait dans sa chambre d'un air égaré, les cheveux en désordre, se frappant la poitrine, et se tordant les bras avec rage.

Elle aimait, la malheureuse! Elle portait depuis trois ans dans son sein un amour silencieux et profond : elle aimait son cousin Octave. Il avait fallu toute l'inexpérience de M. de Kérouare dans les choses de la passion pour ne pas prévoir, durant le séjour de madame Duvivier au château, que ces deux belles jeunesses seraient irrésistiblement entraînées l'une vers l'autre. Durant trois mois, ces deux enfants s'étaient vus en toute liberté et en toute innocence, dans les bois, dans les champs, sur les bords de la Sèvres, par toutes les lunes et par tous les soleils. Ils avaient les mêmes ardeurs, les mêmes admirations naïves. La même grâce embellissait leurs personnes et leurs discours. Les mêmes goûts, les mêmes sympathies les unissaient par des liens invisibles. Pour les rapprocher fatalement, il eût suffi d'ailleurs de la division de leurs pères. N'est-ce pas toujours les Capulet et les Montaigu qui font les Roméo et les Juliette? L'amour naît de l'obstacle. Fiancée à son cousin Octave, peut-être Marie eût-elle aimé M. de Grand-Lieu.

Octave et Marie s'étaient aimés, ainsi qu'il arrive à cet âge, sans le savoir, sans se le dire, et leur amour qui s'ignorait n'avait éclaté que dans la douleur du départ. A l'heure de la séparation, ils avaient compris qu'ils s'aimaient aux déchirements de leur cœur, et, près de se quitter, tous deux s'étaient avoué l'un à l'autre ce que peut-être chacun d'eux ne s'était pas encore dit à soi-même. Que de larmes versées alors, que de regrets et d'espérances, que de promesses échangées sous les ombrages de Kérouare ! Ce fut par une soirée sereine, par une douce soirée d'automne : les étoiles brillaient au ciel, la lune se levait derrière les grands arbres, la Sèvres déroulait ses flots argentés à leurs pieds. Octave devait partir le lendemain : c'était leur premier soir d'amour, hélas ! et le dernier peut-être. Enivrement des premiers aveux, chastes délices, fusion des jeunes âmes, qui pourra vous peindre jamais! A la face des cieux étoilés, ils se jurèrent des amours sans fin et des tendresses éternelles. En cette heure de sainte ivresse, Marie avait tout oublié, sa foi donnée et sa main promise. Elle jura de se garder pour Octave, Octave de revenir bientôt demander Marie pour épouse à son père, et tous deux prirent à témoin les bois, le ciel, les eaux murmurantes, et toute cette belle nature qui venait d'écouter leurs serments.

Il est aisé de s'expliquer à présent ce qui se passa dans le cœur de mademoiselle de Kérouare, après le départ du jeune Duvivier. Que devint l'amour d'Octave? Peut-être le saurons-nous plus tard. Celui de Marie grandit et s'exalta dans la lutte avec l'impossible. La solitude des bois, le silence des champs, la continuelle contemplation de la nature, contribuèrent à le développer. La présence de M. de Grand-Lieu et l'absence d'Octave achevèrent de lui donner tous les caractères de la passion. L'absence est poétique; c'est une in-

visible fée qui pare à toute heure l'être aimé
des plus brillantes fleurs de l'imagination.
La prédilection de M. de Kérouare pour M. de
Grand-Lieu et sa haine des Duvivier ne firent
qu'embellir dans l'âme de Marie l'image de
son cousin. Octave eut le beau rôle, le rôle
d'exilé, de proscrit, de banni. Ce fut tout un
poëme qui se chanta dans le cœur de la
jeune fille. Cependant les jours et les mois
s'écoulaient, et Octave ne venait pas ; mais
Marie conservait bonne confiance et bon
espoir. Ignorante de toutes choses, elle ne
savait rien du monde et de la vie ; elle avait
toute la candeur, toute la foi robuste du
jeune âge. Il ne lui arriva pas une fois de
douter de la tendresse de l'absent. Son amour
lui répondait de celui d'Octave. Au lieu de
s'affaiblir, ce sentiment prit de jour en jour
un caractère plus grave et plus sérieux. Ce
n'avait été d'abord qu'un arbuste odorant
et gracieux : ce devint un arbre vigoureux
et robuste, au feuillage touffu, aux racines
vives et profondes. Et cependant les années

s'écoulaient, Octave ne venait pas. Mais Marie l'attendait, sans l'accuser et sans se plaindre. Il y avait même dans cette héroïque attente quelque chose qui ne déplaisait pas à ses instincts chevaleresques. Là n'était donc pas le mal de son âme, mais dans la persistance de M. de Grand-Lieu et dans la lutte ouverte qu'elle aurait à soutenir un jour contre son père, si tendrement aimé. C'était là le chagrin de sa vie, la cause de ses dévorantes tristesses; mais au milieu des ennuis qui la consumaient, son cœur était demeuré ferme et son amour inébranlable. Elle espérait aussi que, l'heure venue, M. de Kérouare ne se montrerait pas plus rebelle au bonheur de sa fille qu'il ne l'avait été à la tendresse de sa sœur, et qu'elle saurait bien, à son tour, attendrir et fléchir ce fier esprit, sur lequel elle avait régné jusqu'alors en souveraine et même en despote. Quant à M. de Grand-Lieu, il était si froid et si calme, que sa passion n'inquiétait guère mademoiselle de Kérouare; elle avait fini par se dire qu'il lui serait toujours facile de l'amener sans trop d'efforts à renoncer à ses prétentions. Toutefois, un jour vint où Marie sentit en elle la confiance s'abattre et le courage chanceler. Ce fut après la révolution de Juillet. A partir de cette époque, la haine que M. de Kérouare portait aux Duvivier ne connut plus de bornes ni de mesure, et dès lors il n'avait plus même été permis de prononcer, au château, le nom d'Octave et de sa mère. M. de Kérouare paraissait convaincu que c'étaient les Duvivier père et fils qui, à eux seuls, avaient fait les barricades, massacré la garde royale, pris les Tuileries, et envoyé les Bourbons de la branche aînée dans l'exil. D'une autre part, le vieillard, qui commençait à fléchir sous le poids des ans, pressait le mariage de sa fille. M. de Grand-Lieu répondait toujours qu'il était prêt ; Octave ne venait pas, et il semblait à Marie qu'elle n'avait plus qu'à mourir. Un soir pourtant, un soir, à la voix émue de son père, elle vit un instant s'éclairer sa nuit sombre ; un instant les portes de l'avenir s'ouvrirent à demi devant elle; un instant son âme affaissée se releva et battit des ailes. Mais aussi en moins d'un instant le rayon s'éteignit, les portes d'airain se refermèrent, et l'âme retomba sur elle-même pour ne plus se relever jamais.

Tel était donc l'amour, tel était le rêve et l'espoir que Marie venait d'immoler à l'orgueil de son père, et aussi, nous devons le dire, à un sentiment d'honneur et de loyauté personnelle, que son père lui avait transmis avec le sang des Kérouare. Elle ne démentait pas une race de preux; elle en avait, comme son père, l'orgueil, exagéré peut-être, et, lorsqu'elle avait tendu sa main à M. de Grand-Lieu, elle n'avait fait que céder à l'impulsion de son sang, à l'ordre de son propre cœur, enfin à ce besoin d'héroïsme et de dévouement qui de tout temps avait tourmenté son inquiète jeunesse. D'ailleurs, en cette circonstance, quelle âme un peu haut placée eût osé agir autrement? M. de Kérouare et sa fille s'étaient vus pris à l'improviste comme dans un réseau de fer ; la brusque déclaration de M. de Grand-Lieu avait rivé leur foi et scellé leur parole. Pouvaient-ils sans honte repousser la ruine de ce noble jeune homme, après avoir accepté sa fortune ? On se retire aisément de la prospérité, mais non pas du malheur.

Mademoiselle de Kérouare passa cette nuit dans les pleurs et dans les sanglots, se tordant sur son lit, appelant Octave et demandant si Dieu permettrait un si grand désastre. Ce fut une cruelle nuit. Mais le lendemain, plus forte que sa douleur, Marie se présenta à son père, résignée, souriante, presque sereine, et dès lors ses lèvres ne laissèrent pas échapper une plainte, ni ses yeux une larme. Elle assista de sang-froid aux préparatifs de son mariage : elle hâta elle-même les apprêts du sacrifice. Le jour fatal arriva vite. La veille, mademoiselle de Kérouare écrivit à son cousin. Il est aisé d'imaginer ce que dut être cette lettre, long cri d'amour, de remords et de désespoir. Durant quatre pages, aux genoux d'Octave, lui baisant les mains et les pieds, Marie supplia son jeune amant de pardonner à la malheureuse infidèle. « Ne m'accusez pas, écrivait-elle en terminant; soyez fort, soyez généreux, que votre douleur épargne la mienne, et que cette infortunée puisse mourir sans emporter votre malédiction avec elle! » Ce devoir accompli, la victime fut tout à fait calme, et le lendemain, le lever du jour ne la vit ni trembler ni pâlir. C'était le jour de son mariage.

Dans la matinée, M. de Grand-Lieu se présenta dans la chambre de mademoiselle de Kérouare, grave et froid comme de coutume. Lorsqu'il fut seul avec Marie :

— Mademoiselle, lui dit-il, êtes-vous sûre de n'avoir pas obéi seulement à un élan généreux de votre âme? Êtes-vous sûre que ma destinée ne répugne pas à la vôtre? N'abusé-je pas, à mon insu, d'un mouvement d'exaltation et d'enthousiasme, que j'aurais fait naître sans le chercher, sans le vouloir? N'ai-je pas surpris votre assentiment? Pensez-vous n'être pas enchaînée à cette heure par quelque mauvaise honte? Dites, Marie, il est temps encore. Vous m'êtes plus chère que la vie; mais je ne voudrais pas d'un bonheur qui dût vous coûter une larme.

Il y eut dans la voix de M. de Grand-Lieu, et dans son regard, tandis qu'il parlait, une expression de tendresse et d'humilité qui touchèrent mademoiselle de Kérouare.

— Monsieur de Grand-Lieu, répondit-elle, depuis le soir où je vous ai tendu la main, avez-vous surpris un regret dans mon cœur, un reproche sur mon visage? Prenez-la, cette main qui vous appartient, et dites si vous la sentez hésiter et trembler dans la vôtre?

M. de Grand-Lieu porta à ses lèvres les doigts de la jeune fille, et se retira, aussi paisible dans sa joie que Marie dans son désespoir.

Le mariage eut lieu à Clisson, et la cérémonie religieuse dans la chapelle du château de Kérouare. Ce fut un beau jour pour le jeune époux, le dernier jour de son bonheur!

**Troisième Partie.**

Durant ce jour, mademoiselle de Kérouare n'avait pas un instant faibli, si bien que, la voyant ainsi, froide et sérieuse, mais calme et sereine, M. de Grand-Lieu ne put se douter du sacrifice qui s'accomplissait, et dans lequel il jouait à son insu le rôle de bourreau. De son côté, M. de Kérouare se sentit tout à fait rassuré sur l'avenir de sa fille, et, en présence d'une résignation si facile, c'est à peine s'il plaignit l'héroïque enfant. Toutefois, au retour de Clisson, le mariage accompli, il la prit entre ses bras et la tint longtemps embrassée.

— Ton vieux père te bénit, dit-il d'une voix attendrie ; nous te bénissons tous, ajouta-t-il en levant les yeux vers les portraits des Kérouare qui tapissaient les lambris du salon.

Marie étouffa ses sanglots et pressa son cœur à deux mains pour l'empêcher d'éclater. L'ivresse de la douleur la soutint jusqu'au bout. Mais le soir, lorsque tout fut dit, lorsqu'elle sortit de la chapelle, épouse devant Dieu et devant les hommes, il se fit autour d'elle comme un de ces grands coups de vent qui dégagent parfois, dans les jours de tempête, les horizons submergés par la brume. Sa destinée lui apparut à découvert, sombre, terrible, irrévocable; l'ivresse qui l'avait soutenue s'abattit, et la réalité l'étreignit de sa main de fer.

La soirée était peu avancée, mais déjà la

nuit descendait des coteaux dans la plaine.
On touchait aux derniers beaux jours de
l'automne. Oppressée et n'en pouvant plus,
Marie s'échappa du salon où étaient réunis
son père, son époux, et les invités peu
nombreux. Elle se réfugia d'abord dans sa
chambre ; mais, prise aussitôt d'un invincible sentiment de terreur, elle s'enfuit
avec épouvante. Elle étouffait, elle avait
besoin d'air, de mouvement, de solitude et
de silence. Il faisait nuit sombre : elle sortit
du château sans être aperçue, et, sans s'en
apercevoir elle-même, elle arriva bientôt sur
le bord de la Sèvres. Où allait-elle? l'infortunée ne le savait pas. Elle marchait d'un
pas rapide, nu-tête, les cheveux en désordre,
meurtrissant ses pieds aux cailloux des sentiers, déchirant sa robe aux buissons, pâle,
égarée, mêlant ses cris aux plaintes du vent.
Elle passait comme une ombre éplorée, à
travers les bois. Elle allait, harcelée par son
cœur, comme une biche par une meute.
Soudain elle s'arrêta. La rivière coulait de-

vant elle ; les étoiles brillaient au ciel, la lune se levait derrière les grands chênes. Marie reconnut l'endroit où, par une soirée pareille, par une douce soirée d'automne, elle avait échangé son amour et sa foi contre l'amour et la foi d'Octave. Elle se laissa tomber sur le gazon de la rive et s'y débattit longtemps dans l'agonie du désespoir. Tout lui semblait prendre une voix pour l'accuser et la maudire ; dans le bruit de l'eau, dans les soupirs du vent, elle entendait la voix d'Octave qui lui rappelait leurs serments. — Grâce ! pardonne-moi ! s'écriait-elle. — Elle s'arracha de ces lieux, mais partout, sur son passage, les rameaux qu'agitait la brise lui murmuraient les noms d'infidèle et de parjure. A chaque détour de haie, il lui semblait voir le fantôme irrité de son amant. Cette vallée, ces bois, ces collines n'avaient pas un coin qui ne fût plein du souvenir toujours adoré. Partout ce souvenir se dressa devant elle comme un spectre menaçant. Elle allait, se frappant le front et la poitrine, s'accusant elle-même et joignant ses imprécations à celles que lui jetait la nature entière. — Ah! pleure, malheureuse, pleure! s'écriait-elle; pleure, et ne demande point de pardon! Pleure, et ne cherche plus à t'absoudre par la grandeur de ton sacrifice! pleure, parjure, pleure, infidèle! — Et ses pleurs coulaient en effet. Elle ne savait pas, elle ne comprenait plus comment elle avait pu se résigner et se soumettre. Il y avait des instants où elle s'arrêtait brusquement et se demandait si tout cela n'était pas un rêve. Parfois elle portait les mains à son visage, pour se convaincre qu'elle ne dormait pas; elle se regardait curieusement pour s'assurer que c'était bien elle : puis en reconnaissant sa robe de mariée, elle poussait un cri et reprenait sa course haletante. Mille projets confus se croisaient dans son cerveau malade. Parfois elle voulait aller se jeter aux genoux de son mari, lui tout avouer, et mourir à ses pieds. Alors elle se rapprochait de Kérouare; mais aussitôt qu'elle en apercevait de loin les tourelles que blanchissait la lune, elle s'enfuyait dans les bois comme une gazelle effarée. Elle finit par arriver à un état d'exaltation difficile à décrire. Plus d'une fois elle se sentit fatalement attirée par le bruit des écluses; plus d'une fois elle regarda d'un œil avide l'eau qui étincelait à travers le feuillage.

Cependant, au château, on commençait à s'inquiéter de cette disparition et de cette longue absence. Les invités s'étaient retirés; M. de Kérouare et M. de Grand-Lieu restaient seuls. Ils s'étonnèrent d'abord, puis ils s'alarmèrent. On chercha vainement Marie dans le château et aux alentours: personne ne l'avait vue sortir. On l'appela à plusieurs reprises du haut de la terrasse : aucune voix ne répondit. On s'informa dans le voisinage : nul ne l'avait aperçue. Ce devint bientôt une horrible angoisse. M. de Grand-Lieu était pâle et muet; M. de Kérouare assailli par des pressentiments sinistres. Après une heure de vaine attente, le jeune homme fit seller un chevalet partit pour battre les environs. Plusieurs serviteurs l'imitèrent. Le vieux Kérouare demeura seul, en proie à une anxiété qu'il est aisé d'imaginer. Au bout de deux heures, les serviteurs rentrèrent au château : aucun d'eux n'avait trouvé les traces de leur jeune maîtresse. La consternation était sur tous les visages. M. de Grand-Lieu revint le dernier, plus sombre, plus silencieux qu'au départ. M. de Kérouare, en le voyant, cacha sa tête entre ses mains et se prit à pleurer, comme s'il avait perdu tout espoir. Pendant qu'il pleurait, M. de Grand-Lieu se promenait à grands pas dans le salon, les bras croisés sur sa poitrine ; la contraction de ses traits révélait seule tout ce qui s'agitait dans son âme.

— Monsieur le comte, dit-il enfin, en s'arrêtant devant le vieillard, ne sauriez-vous rien présumer de ce qui se passe ? Vous connaissez le cœur de votre fille mieux que je ne le connais moi-même. N'avez-vous jamais rien vu, rien surpris dans ce jeune cœur, qui puisse nous aider à pénétrer ce mystère? N'auriez-vous pas, sans le savoir, quelque fil qui puisse nous guider? Voyez, monsieur, interrogez scrupuleusement vos souvenirs : il y va de notre destinée à tous.

Et comme M. de Kérouare ne répondait pas :

— Eh bien donc! monsieur le comte, ajouta M. de Grand-Lieu, préparons nos forces et notre courage, car je sens, — je sens là qu'il s'accomplit un affreux malheur.

M. de Grand-Lieu avait laissé son cheval sellé et bridé à la porte : il se disposa à repartir. Mais auparavant il voulut visiter la chambre de Marie et s'assurer qu'il ne s'y trouvait rien qui pût le mettre sur la voie. Rien, nul indice ! Il se jeta dans un fauteuil et prêta l'oreille aux bruits de la nuit. En cet instant, une heure du matin sonna à l'église de Clisson. Le jeune homme tressaillit et se leva épouvanté, comme s'il venait d'entendre la première note du glas de la mort. Une sueur froide mouillait son front, et son cœur battait à coups redoublés. Il allait sortir, quand soudain il crut entendre, dans le silence de la campagne, des cris plaintifs et éloignés. Il se précipita à la fenêtre, se pencha sur le balcon, et il écouta. C'étaient les courlis qui vagissaient entre les roseaux des étangs. Il écouta longtemps : il n'entendit que le gazouillement lointain des écluses, le bruissement des feuilles jaunies que détachait le vent, le chant funèbre des orfraies qui battaient l'air de leurs ailes cotonneuses. On entendait aussi les aboiements des chiens, qui, à de longs intervalles, s'appelaient et se répondaient dans l'ombre. A tous ces bruits, à toutes ces rumeurs, M. de Grand-Lieu sentait son sang se glacer dans ses veines et son cœur mourir dans sa poitrine. Il s'arracha de la fenêtre; mais à peine retourné, il poussa un grand cri : Marie de Kérouare, madame de Grand-Lieu, était debout, vis-à-vis de lui.

Il tendit ses mains tremblantes vers la pâle apparition.

— Marie, est-ce vous? s'écria-t-il.

Elle se tenait immobile, le front illuminé par la fièvre, les yeux brillants d'un funeste éclat. Ses pieds étaient déchirés, ses vêtements en lambeaux, son visage et ses mains ensanglantés. Ses cheveux, mouillés par la rosée, pendaient le long de ses joues et sur ses épaules.

— C'est moi, dit-elle; monsieur de Grand-Lieu, ne perdons pas de temps. Allez rassurer mon père et nos serviteurs. Personne ne m'a vue rentrer; il est convenable que personne ne puisse me voir en cet état. Vous direz à mon père ce que vous voudrez, ce qu'il vous plaira, ce qui vous passera par la tête; pourvu que mon père soit rassuré et qu'il croie sa fille heureuse, tout sera bien. Allez, monsieur, et faites vite; je vous attends.

Sa voix était brève, saccadée, impérieuse.

M. de Grand-Lieu sortit sans répliquer une parole.

Aussitôt qu'il fut rentré, Marie ferma la

porte avec précipitation, en ôta la clef, puis, se jetant aux genoux de son mari :

— Monsieur, tuez-moi! s'écria-t-elle.

M. de Grand-Lieu essaya de la relever; mais elle s'attachait comme une liane à ses genoux.

— Tuez-moi! répéta-t-elle; c'est là, c'est à vos pieds que je veux et que je dois mourir.

— Qu'avez-vous? dit M. de Grand-Lieu; quelle douleur vous trouble et vous égare?

— Je vous dis, répéta-t-elle encore — cette fois avec un horrible sang-froid, — je vous dis que vous n'avez qu'à me tuer. C'est votre droit, c'est mon désir, c'est le seul moyen d'en finir.

— Relevez-vous, dit le gentilhomme; quelques révélations que vous ayez à me faire, votre place n'est pas à mes genoux. Calmez-vous; quoi que vous puissiez dire, je crois pouvoir vous promettre d'avance l'appui d'une âme honnête et l'assistance d'un noble cœur.

A ces mots, l'exaltation de Marie s'abattit

en une pluie de larmes. M. de Grand-Lieu s'était assis. Malgré ses efforts pour la relever, la jeune fille demeura devant lui agenouillée, dans l'attitude d'une Madeleine éplorée.

Elle pleura longtemps en silence.

Silencieux comme elle, M. de Grand-Lieu la contemplait avec une ineffable expression de tristesse et d'inquiétude.

Enfin, d'une voix entrecoupée de sanglots :

— Monsieur de Grand-Lieu, je vais tout vous dire. Vous me tuerez après, car il faudra toujours en venir là. Écoutez, je suis bien malheureuse !

Ses larmes l'interrompirent.

— Je vous en prie, calmez-vous d'abord, dit M. de Grand-Lieu avec bonté ; songez, mademoiselle, que vous n'avez point ici de maître, et que vous êtes sous la sauvegarde d'un homme d'honneur.

— Laissez-moi parler, reprit-elle ; je vais tout vous dire. Mon Dieu ! le pourrai-je sans vous offenser mortellement ? Il faut pourtant que vous sachiez tout. M. de Grand-Lieu, je

ne vous aime pas, je ne vous ai jamais aimé;
je n'ai pu vous donner que ma main : depuis
longtemps mon cœur ne m'appartenait plus.
Ne vous irritez pas. Ma vie est à vous, et,
quand j'aurai tout dit, vous ferez de moi ce
que vous voudrez. Vous me tuerez, vous
m'enverrez dans un couvent; quoi que vous
décidiez, je vous bénirai. Écoutez-moi. C'est
une triste histoire. Je suis bien coupable, je
suis plus malheureuse encore. Vous verrez,
après m'avoir entendue, que vous me plaindrez un peu. Je ne crois pas qu'il y ait au
monde une créature plus misérable. Lorsque
vous m'avez demandée en mariage, voici
bien longtemps de cela, je n'étais qu'une
enfant; je ne savais rien de l'amour. Je n'avais connu jusqu'alors que la tendresse de
mon père. Je ne savais rien, je ne me doutais de rien, je ne prévoyais rien, j'étais
heureuse. C'est ce qui m'a perdue. Je laissai
mon père vous engager ma parole et ma foi.
Il désirait cette alliance; son désir fut ma
loi. J'avais d'ailleurs pour vous une haute

estime, un saint respect, une affection de sœur. Je crus que c'était de l'amour; j'appris plus tard que je me trompais. Que vous dirai-je? Mon cœur s'est laissé prendre à l'insu de lui-même. Je ne sais pas comment cela s'est fait. Vous n'étiez pas là pour me défendre; j'étais seule, sans défiance, je ne songeais à rien. Ce fatal amour éclata en moi, comme la foudre dans un ciel serein. Il m'est impossible de dire comment cela est arrivé; mais à votre retour, vous n'aviez plus de fiancée. Ne m'interrompez pas. Allez, j'ai bien souffert! Rappelez-vous mes sombres tristesses. Si vous saviez, monsieur de Grand-Lieu, que de nuits passées dans les larmes! Vous avez dû me prendre pour un enfant capricieux et boudeur; c'est que j'étais si malheureuse! Bien souvent j'ai voulu vous tout avouer : votre bonté m'encourageait; la crainte d'affliger mon père m'a toujours arrêtée. J'attendais une heure propice. Je ne prétends pas m'excuser, je ne cherche pas à m'absoudre;

mais cependant je dois vous dire que, depuis que j'aimais, je ne croyais plus à votre amour ; je croyais qu'en recherchant ma main, vous n'aviez obéi qu'aux derniers vœux de votre père, de même que moi je n'avais cédé qu'aux trop chères volontés du mien. Je pensais que nous pourrions toujours, sans secousse et sans déchirement, rompre les liens qui nous unissaient l'un à l'autre. Vis-à-vis de vous j'étais donc presque sans remords ; vous n'étiez pas même en question ; mon père seul me préoccupait. Un jour, jour funeste! il eut pitié de ma douleur. La moitié de mon secret m'échappa ; à ses pieds, comme je suis aux vôtres, j'osai lui dire, monsieur de Grand-Lieu, que je ne vous aimais pas. Vous qu'il avait déjà nommé son fils, vous devinez ce qu'il dut souffrir! Cependant j'embrassais ses genoux et j'arrosais ses mains de mes pleurs. Il y avait bien longtemps que je souffrais. Ma santé n'avait pu résister à tant de luttes intérieures. J'étais pâle, amaigrie ; j'avais les yeux brûlés de larmes. Mon père attendri n'y tint plus. Il se leva pour vous écrire, pour vous redemander sa parole et la mienne. Hélas! c'est alors que vous êtes apparu. Une heure plus tard, nous étions tous sauvés. Pauvre, ruiné, proscrit, vous veniez généreusement nous rendre notre promesse. Pouvions-nous l'accepter? Vous comprenez bien que cela ne se pouvait pas; vous comprenez qu'au lieu de les briser, votre malheur rivait à jamais nos chaînes. Vous m'aimiez, vous le disiez du moins. Vous nous rendiez notre parole, mais sans retirer la vôtre. Que faire? Je vous tendis la main.

— Avez-vous tout dit? demanda M. de Grand-Lieu.

— Pas encore, répondit la jeune fille.

Après quelques instants de recueillement douloureux:

— Dieu qui me jugera, reprit-elle d'une voix plus calme, m'est témoin que dès lors le sacrifice fut complet dans mon cœur. Autant que je le pus, j'imposai silence à mon amour, et si je n'en étouffai pas tout d'abord les cris et les regrets, j'en immolai surle-champ les rêves et les espérances. J'acceptai mes devoirs dans ce qu'ils avaient de plus sévère et de plus rigoureux. Seulement je me rassurai en songeant que j'en mourrais bientôt : voilà tout. Ainsi, m'exaltant dans mon désespoir, je suis arrivée sans faillir jusqu'à ce dernier jour. Ce matin encore, ma main n'a pas tremblé dans votre main: Ce soir, voici quelques heures à peine, lorsque j'ai dit oui devant Dieu, ma voix n'a pas hésité. J'étais résignée, j'étais prête ; du moins je le croyais. Depuis cet instant, que s'est-il passé? je l'ignore. Tout ce que je puis dire, c'est que jusqu'à cet instant suprême je n'avais rien compris. J'avais tout laissé s'accomplir, avec la confiance que rien ne s'accomplirait. J'étais folle. Réveillée brusquement, comme par un coup de tonnerre, j'ai ouvert les yeux, et me suis trouvée, pour la première fois, face à face avec mon malheur. J'ai eu peur; j'ai voulu fuir. Ce que je suis devenue, je ne m'en souviens plus.

— Avez-vous tout dit? demanda M. de Grand-Lieu.

— Pas encore, murmura-t-elle.
Longtemps elle hésita.

— Monsieur de Grand-Lieu, reprit-elle enfin en baissant la tête, j'avais trop présumé de mon dévouement, de mes forces et de mon courage. Tout ce que j'ai pu vous donner, je vous l'ai donné. L'homme que j'aime n'est plus pour moi qu'un souvenir. Je porte un mort dans mon cœur, mais je lui resterai fidèle.

Et comme M. de Grand-Lieu se taisait :

— Ma vie est à vos pieds, dit-elle.

M. de Grand-Lieu resta muet, accoudé sur le bras du fauteuil, le front appuyé sur sa main.

Marie, toujours agenouillée, attendait l'arrêt de son juge.

— Ainsi, vous aurez, d'un seul coup, en

un jour, brisé trois destinées! dit-il avec un profond sentiment de tristesse. Malheureuse enfant, c'est l'orgueil! c'est l'orgueil qui vous a perdue.

— Par pitié, tuez-moi! s'écria-t-elle en arrachant ses cheveux avec désespoir.

— Mademoiselle, relevez-vous, dit M. de Grand-Lieu avec fermeté. La nuit est avancée; vous devez avoir besoin de repos. Dans quelques heures, si vous voulez me recevoir, nous réglerons ensemble, d'un commun accord, la nature de nos relations dans le présent et dans l'avenir. Fiez-vous à moi, et croyez qu'en ceci, comme en toutes choses, je consulterai les intérêts de votre bonheur autant que ceux de notre dignité.

Comme Marie restait dans la même attitude, il la prit par la main, et la releva malgré elle.

— Je pense, ajouta-t-il, et sans doute vous pensez avec moi, qu'on doit ignorer ici le dénoûment de cette journée. Vous ne voudriez pas abréger la vieillesse de votre père.

Il est déjà trop de victimes. Si vous y consentez, nous le laisserons croire à nos félicités. Croyez que les efforts qu'il m'en coûtera égaleront au moins les vôtres. Ne vous préoccupez pas de l'explication que j'ai donnée à M. de Kérouare, de votre disparition et de votre absence. Votre père n'y fera même pas allusion. Tâchez de reposer, et que demain votre visage ne démente pas trop mes paroles. Je ne vous tuerai pas ; vous n'irez pas dans un couvent. Si quelqu'un doit mourir, ce n'est pas vous, mademoiselle.

A ces mots, M. de Grand-Lieu salua poliment sa femme.

La jeune fille se jeta vivement devant la porte et lui barra le passage.

— Qui donc doit mourir, si ce n'est moi? s'écria-t-elle avec exaltation ; si ce n'est moi, qui donc voulez-vous tuer?

— Mais, je ne veux tuer personne, répondit M. de Grand-Lieu avec un doux et triste sourire.

— Le jurez-vous?

— Je vous en donne ma parole.

— C'est que, voyez-vous bien, monsieur de Grand-Lieu, si vous aviez le malheur de toucher à un seul cheveu de sa tête, je me tuerais sous les yeux de mon père.

— Je ne vous ai pas même demandé son nom, répliqua froidement M. de Grand-Lieu.

Il sortit. Le jour était près de paraître. Déjà l'aube naissante blanchissait l'horizon. Lorsque, au bout de quelques heures, M. de Grand-Lieu rentra dans la chambre de sa femme, il trouva Marie couchée, en proie à une fièvre ardente. Ses mains étaient brûlantes, ses yeux hagards, son haleine embrasée. Dans son délire, elle voyait Octave mortellement blessé par M. de Grand-Lieu. Elle demandait grâce à son amant près d'expirer; mais celui-ci la repoussait, et mourait en la maudissant. M. de Grand-Lieu s'était assis à son chevet et s'efforçait de la calmer; mais il apparaissait à Marie tout couvert du sang aimé, et la malheureuse, égarée, se détournait de lui avec horreur.

## Quatrième Partie.

La maladie de Marie fut longue: on désespéra de sa vie; la jeunesse triompha de la mort. Tant que dura le danger, M. de Grand-Lieu soigna sa femme avec une sollicitude qui ne se démentit pas un instant. Marie n'ouvrit jamais les yeux sans l'apercevoir auprès d'elle, à la fois empressé et discret, constamment à l'écart, et n'accourant que lorsque sa présence devenait nécessaire. Pas un mot, pas un regard qui pût faire allusion au passé, mais à toute heure un visage bienveillant et des paroles affectueuses. Tant de dévouement ne s'adressait pas à un cœur ingrat; la jeune fille en fut profondément touchée : elle avait une trop belle âme pour pouvoir en être humiliée. — Une nuit qu'elle s'était éveillée après un long assoupissement, elle aperçut, à la clarté voilée de la lampe, M. de Grand-Lieu qui se tenait assis dans le fond de la chambre. Il veillait dans une attitude rêveuse et réfléchie. Elle demeura longtemps à le regarder avec un sentiment de reconnaissance exaltée.

— Monsieur de Grand-Lieu! dit-elle enfin d'une voix éteinte.

Il se leva et courut vers elle.

— Monsieur de Grand-Lieu, reprit Marie, asseyez-vous auprès de moi.

Et lorsqu'il eut pris place au chevet :

— Vous êtes bon, ajouta-t-elle.

Le jeune homme resta silencieux.

— Oui, vous êtes bon, répéta Marie : Monsieur de Grand-Lieu, vous êtes un grand cœur ; mais que ne me laissez-vous mourir ? Pourquoi voulez-vous que je vive ?

— Vous vivrez pour être heureuse, répondit M. de Grand-Lieu.

— Heureuse ! dit-elle, en secouant tristement la tête. Pourquoi me parlez-vous ainsi ? Vous savez bien qu'il n'est plus de bonheur pour moi sur la terre.

— Vous vivrez pour être heureuse, répéta le gentilhomme avec une sombre assurance. Vous n'êtes qu'un enfant, ajouta-t-il aussitôt d'une voix plus douce et plus tendre : pouvez-vous savoir ce que l'avenir vous réserve ? Moi, j'ai bonne confiance. A votre âge, il n'est point de malheur qui ne puisse se réparer. Comme moi, ayez bon espoir : je réponds de votre bonheur.

— Et qui donc me répondra du vôtre ? s'écria-t-elle avec désespoir.

— N'en ayez nul souci, répondit M. de Grand-Lieu : vivez, et vous serez étonnée un jour de voir combien il était aisé de simplifier les embarras qui peut-être à cette heure vous semblent inextricables. Reposez-vous sur moi de ce soin.

— Que prétendez-vous donc? demanda Marie d'un air alarmé. Qu'espérez-vous? qu'avez-vous résolu?

— Rien qui ne soit en vue de votre félicité. Je vous expliquerai tout plus tard. Vous êtes trop faible à présent pour m'entendre. Mais, je vous le répète, ayez bonne confiance. La vie vous garde de beaux jours.

— Vous ne parlez jamais que de moi, dit-elle avec inquiétude. Mais vous, monsieur, mais vous? Ce n'est pas ma destinée qui me préoccupe à ce point, c'est la vôtre.

— Chère Marie! dit M. de Grand-Lieu en lui prenant la main, trop parler vous agite. Voilà déjà votre sang qui s'enflamme et votre oppression qui redouble. Calmez-vous et reposez; il ne s'agit pour vous que de vivre : je réponds du reste devant Dieu.

— Dites-moi seulement que vous me pardonnez.

— Vous pardonner? quoi donc? demanda-t-il en lui baisant la main.

Elle voulut continuer de parler, mais il l'en empêcha par un geste caressant, et bientôt Marie s'assoupit, une main dans celle de son époux. Il demeura près d'elle le reste de la nuit. Qui pourrait dire ce qui se passa, durant ces longues veilles, dans cette âme silencieuse?

On trembla pour Marie pendant un mois et plus. A vrai dire, ce fut moins la jeunesse qui la sauva, que les soins réunis de son mari et de son père. Ces deux tendresses la disputèrent victorieusement à la mort. Je crois fermement, pour ma part, qu'à force de les aimer on empêche les gens de mourir. Si le danger dura longtemps, la convalescence fut plus longue encore. Mais les jours de convalescence sont des jours charmants, mélancoliques et voilés comme une fin d'automne.

Il ferait bon d'être malade, ne fût-ce que pour être convalescent. C'est, à coup sûr, un des plus doux états que notre âme puisse connaître. Notre âme s'est alors réfugiée tout entière dans le sentiment de sa délivrance. Épuisée par les tortures du corps, elle n'a plus d'énergie pour ses propres souffrances. Elle n'en a qu'un vague souvenir, pareil à l'impression produite par les rêves. Elle se laisse aller mollement au flot qui la caresse et la soulève. Il lui semble qu'elle est née d'hier et qu'elle commence une nouvelle vie. Autour d'elle tout lui sourit et lui fait fête; l'amitié se réjouit et la bienveillance s'empresse. La conscience de son bien-être s'épanouit et rayonne sur tous les visages. Il en est de la convalescence comme de l'enfance : on la berce, on la gâte, on la choie; on lui donne tout, on ne lui demande rien. Marie n'échappa point à ces bienfaisantes influences. La joie de ses serviteurs en la voyant sauvée, le bonheur de son père en la sentant renaître, tombèrent sur son cœur comme une rosée salutaire. Quoique toujours présente, la pensée d'Octave s'était, pour ainsi dire, amollie; la fièvre semblait en avoir emporté ce qu'elle avait de trop âcre et de trop brûlant. Déjà, dans l'esprit de Marie, d'autres préoccupations se mêlaient à celles de ce jeune homme : confuses, il est vrai, indécises, inavouées, pareilles à ces vagues rumeurs qui courent dans l'air au lever du jour. Parfois, en se rappelant la conduite de son mari, ce qu'il avait été pour elle, la jeune fille tombait dans de longues rêveries, où la figure de M. de Grand-Lieu passait gravement, mystérieuse et poétique. Elle aimait à se raconter à elle-même tous les détails de ce grand dévouement. Elle revenait avec un charme douloureux sur cette nuit sombre et terrible qui avait suivi son mariage; elle se revoyait aux pieds de son époux, elle revoyait M. de Grand-Lieu l'écoutant, et Marie ne pouvait s'empêcher d'admirer ce noble visage, ce maintien digne et calme, cette belle et simple attitude. En remontant plus haut le courant de ses souvenirs, — car, en dépit d'elle-même, M. de Grand-Lieu la préoccupait sans cesse, — elle se rappelait le jour où ce jeune homme l'avait prise en ses bras, ce jour où son cheval s'était emporté sur le bord de la Sèvre. A ce souvenir, elle se troublait et devenait tremblante. Mais elle s'arrachait bientôt à ces images, en s'accusant de les avoir trop longtemps caressées; car n'avait-elle pas juré de demeurer fidèle au mort adoré qu'elle portait dans son sein? Bien souvent encore les reproches de son cousin tourmentaient ses veilles et son sommeil; elle s'inquiétait de cette destinée qu'elle avait trahie et délaissée : que faisait Octave? où ses jours allaient-ils? s'était-il relevé de ce cruel abandon? son existence n'en serait-elle pas à jamais brisée? A ces questions, la pauvre fille sentait sa tête s'égarer et son cœur se serrer sous les étreintes du remords. Toutefois, ce n'était plus une obsession de toutes les heures et de tous les instants; affaiblis par la maladie, les organes de Marie ne servaient plus comme autrefois sa douleur, et bientôt elle finissait par tomber dans une espèce d'anéantissement qui lui laissait à peine la faculté de penser et de souffrir. Elle ne pensait pas; elle ne souffrait pas; elle écoutait d'un air distrait ce qui se disait autour d'elle; elle assistait à la vie comme une ombre : c'était là ses instants les plus doux.

M. de Grand-Lieu n'avait point failli au rôle qu'il avait généreusement accepté, et, grâce à lui, M. de Kérouare ne se douta de rien. Le vieux gentilhomme félicita ses enfants, et n'imagina pas qu'il pût manquer quelque chose à leur félicité. Cependant, à mesure que Marie revenait à la vie et à la santé, M. de Grand-Lieu s'éloignait d'elle et se montrait de jour en jour plus froid et plus réservé, toujours affectueux et bienveillant, mais sans sourire et sans tendresse. Marie remarqua ce changement, s'en préoccupa et s'en affligea. Il entrait le matin dans la chambre de sa femme, n'y demeurait que quelques instants, faisait seller son cheval, disparaissait le reste de la journée et ne revenait guère que le soir; il lui arrivait même parfois de s'absenter durant plusieurs jours. Marie n'osait ni se plaindre ni l'interroger, et tous deux s'accusaient mutuellement d'indifférence.

M. de Grand-Lieu venait de renouer les relations politiques qu'il avait rompues quelques mois avant son mariage. La Vendée s'agitait : on y trouvait encore le moyen de mourir héroïquement. Ce n'était qu'un jeu, mais on y jouait son sang. Les enfants voulaient continuer les aïeux. On s'armait en silence, on se réunissait en secret, la nuit, au fond des bois ou dans les châteaux solitaires. De temps en temps on voyait des cavaliers passer au galop sur la lisière des forêts ; on entendait siffler des balles, dernières escarmouches de la légitimité. Des figures étranges apparaissaient tout à coup derrière les genêts. On se battait bien, et l'on mourait de même. Pour être des géants, il ne manquait aux fils que la foi de leurs pères. Mais ils ne croyaient pas. Ils avaient plus d'imagination que de conviction ; c'étaient moins des héros que des poëtes. Ç'aura été d'ailleurs le dernier mouvement chevaleresque qui se sera vu en France. Aussi ne faut-il pas trop en médire, mais le respecter, au contraire, comme toute poésie qui s'en va.

Inhabité depuis le mariage de mademoiselle de Kérouare, le château de Grand-Lieu était devenu un des centres de l'activité légitimiste. Les chefs s'y rassemblaient plusieurs fois par semaine, et s'y concertaient sur l'emploi de leurs forces. Dans ces assemblées, dont il était l'âme et la vie, M. de Grand-Lieu se montrait d'une exaltation qui, plus d'une fois, effraya les faibles et étonna les forts. De tout temps on l'avait connu ardent, prompt à la guerre, mais jamais exalté ni terrible à ce point. Les plus impatients furent souvent obligés de le modérer. On s'étonnait qu'étant nouvellement marié à une femme jeune et belle, il compromît si légèrement un bonheur qu'il n'avait pas eu le temps de goûter. Mais alors M. de Grand-Lieu reprochait à ses amis leurs hésitations et leur inertie. — Vous n'êtes pas des hommes, leur disait-il, mais des enfants qui jouent au dévouement et à la guerre. Vous vous êtes laissé séduire et entraîner par la poésie de votre rôle, voilà tout, et rien de plus. Qu'attendez-vous pour agir? A cette heure, il n'y a qu'un homme en Vendée, et cet homme est une femme. Vous n'allez pas à la cheville de vos pères, et vous n'êtes bons tout au plus qu'à mettre en vers les grandes choses qu'ils ont faites. Ils faisaient des poëmes, et vous, vous les chantez. — Sa voix était puissante, et plus d'une fois sa parole entraîna l'assemblée.

Le château de Grand-Lieu était merveilleusement situé pour servir de foyer à toutes ces agitations : au milieu des bois, entouré de gorges profondes, on s'y rendait, la nuit, de Nantes, de Clisson, de Tiffauges et des alentours. Parfois aussi, de peur d'éveiller les soupçons, on s'assemblait dans quelque ferme isolée, sous quelque chaume sûr et fidèle. Ces marches, ces contre-marches, ces rendez-vous mystérieux, ces délibérations entourées de périls, enfin tout ce poétique appareil, plaisaient singulièrement à ces jeunes imaginations. C'était là surtout ce qui les charmait : il est vrai d'ajouter que la mort ne les effrayait pas : héroïques enfants que leurs mères grondaient au retour!

M. de Kérouare ignorait ces réunions, et lorsqu'il interrogeait M. de Grand-Lieu sur ses fréquentes absences, celui-ci les expliquait de façon à ne point inquiéter le vieillard. Mais il était plus difficile de tromper Marie, et depuis qu'elle avait recouvré la santé, madame de Grand-Lieu vivait dans des angoisses continuelles, d'autant plus cruelles, d'autant plus dévorantes, qu'elle ne pouvait les confier à personne. Vingt fois elle fut sur le point de s'adresser à son mari, mais le courage lui manqua. M. de Grand-Lieu n'avait plus pour sa femme qu'une exquise politesse ; empressé et presque tendre si M. de Kérouare assistait à leurs entrevues, il reprenait, aussitôt qu'ils étaient sans témoins, sa froideur et sa gravité naturelles. Depuis son mariage, sa figure avait pris une teinte sombre et presque sauvage. Parfois ses yeux brillaient d'un farouche éclat : on le sentait consumé par une ardeur maladive. Lorsqu'il s'éloignait du château, au galop de son cheval, Marie, appuyée sur le balcon de la fenêtre, le suivait longtemps du regard, puis, lorsqu'il avait disparu, sans se retourner jamais, elle s'asseyait en soupirant, et tombait dans une de ces rêveries dont nous parlions tout à l'heure. Elle en sortait souvent tout en larmes. — Qu'avait-elle ? elle l'ignorait. Pourquoi ces pleurs ? elle n'avait pas songé à Octave.

Marie avait pris l'habitude de ne se coucher qu'après avoir entendu rentrer M. de Grand-Lieu. S'il ne rentrait pas, elle passait la nuit debout et sans sommeil ; s'il restait deux jours absent, Marie restait deux nuits sans repos. Il est vrai que les absences de M. de Grand-Lieu se prolongeaient rarement au delà de vingt-quatre heures. Cependant, un soir qu'il était parti plus sombre que de coutume, trois jours s'écoulèrent sans le ramener. Vers la fin du troisième, brisée par la fatigue et par l'inquiétude, madame de Grand-Lieu s'était jetée tout habillée sur son lit. Une main de plomb pesait sur ses paupières; le corps triompha de l'âme : elle s'endormit. Elle dormit longtemps, mais d'un sommeil léger, fiévreux, agité. Au milieu de la nuit, elle s'éveilla en sursaut, et courut précipitamment à la fenêtre qu'elle ouvrit. Elle avait cru, dans son sommeil, entendre des coups de feu. Il n'était point rare, à cette époque, et dans ces campagnes, d'être réveillé par des bruits pareils. Marie écouta : tout était calme. Cependant elle croyait bien ne s'être pas trompée. Après s'être assurée que M. de Grand-Lieu n'était pas rentré, elle revint à la fenêtre, décidée à veiller le reste de la nuit.

Presque au même instant, elle entendit au pied du château le galop d'un cheval, et bientôt des pas retentirent dans le corridor.

Pour gagner son appartement, M. de Grand-Lieu était obligé de passer devant celui de sa femme. Marie crut remarquer que les pas de son mari étaient moins fermes, moins assurés qu'à l'ordinaire. Son cœur frissonna sous un pressentiment funeste. Elle courut à la porte de sa chambre, l'ouvrit et arrêta M. de Grand-Lieu au passage.

— Vous ne reposez pas, Marie? demanda-t-il avec étonnement et d'un ton de doux reproche.

Sa voix était faible, altérée, presque mourante, et, bien que le corridor fût obscur, Marie s'aperçut qu'il se soutenait avec peine.

— Mon Dieu! mon Dieu! s'écria-t-elle, qu'avez-vous?

— Souffrez, dit-il, que je vous salue; il se fait tard, nous avons besoin de repos l'un et l'autre.

Marie l'attira vivement dans sa chambre,

et le débarrassa, malgré lui, du manteau qui l'enveloppait, tout mouillé par la pluie d'orage.

Ce premier soin rempli, elle examina M. de Grand-Lieu à la lueur de la lampe. Mais aussitôt elle recula d'un pas, par un mouvement d'épouvante : M. de Grand-Lieu se tenait debout devant elle, armé et couvert de sang.

— Vous êtes blessé ! s'écria-t-elle.

Il avait reçu, en effet, un coup de feu dans le bras gauche.

— Vous êtes blessé, monsieur ! répéta Marie.

— Ne faites pas de bruit, dit M. de Grand-Lieu en la repoussant doucement de sa main droite : ce n'est rien, moins que rien ; la balle a seulement labouré les chairs. Quelques gouttes de sang, voilà tout. Je regrette vivement d'avoir troublé votre sommeil, cela n'en valait pas la peine.

— Laissez-moi voir, laissez-moi vous soigner, dit-elle d'une voix suppliante. C'est mon devoir, — et mon droit peut-être, ajouta-t-elle en hésitant.

— Vous oubliez, Marie, répliqua M. de Grand-Lieu, que ce ne saurait être ni votre droit ni votre devoir. D'ailleurs, je vous le répète, ce n'est rien, et demain, au château, nul ne s'apercevera de cette égratignure.

— Ce n'est rien! ce n'est rien! murmura-t-elle d'une voix étouffée. Est-ce donc rien d'exposer vos jours? est-ce donc rien, monsieur?...

— Vous oubliez encore, répondit M. de Grand-Lieu en l'interrompant, que je ne me dois à personne. Est-ce à moi de vous rappeler que je suis libre, et que ma vie n'importe à nulle autre?

— Ah, monsieur! s'écria-t-elle.

— Si vous le voulez, nous en resterons là, reprit M. de Grand-Lieu d'un air sombre. Je vous avais promis de ne jamais toucher au passé : ce n'est pas moi qui ai failli à ma promesse. Je souhaite vivement qu'il n'en soit plus question entre nous. Permettez que je me retire, et croyez qu'absent ou présent, je suis uniquement préoccupé du soin de votre bonheur. Si j'échoue, c'est que je suis maudit, et vraiment il ne faudra pas trop m'en vouloir.

— Vous êtes cruel, dit Marie.

— Cruel ! vous ne le pensez pas, répondit M. de Grand-Lieu en souriant ; non, répéta-t-il encore, vous ne le pensez pas.

— Oui, oui, vous êtes cruel, répéta-t-elle, vous êtes impitoyable. Allez, je vous comprends, vous méditez une horrible vengeance. Je le connais à présent, ce bonheur que vous me préparez. Eh bien ! il me fait horreur.

— Vous ne savez rien, vous ne comprenez rien, répondit le jeune homme avec calme. Je ne médite pas de vengeance. Je n'ai pas lieu de me venger. Rassurez-vous donc, Marie ; je ne suis ni cruel ni impitoyable. Et, tenez, depuis bien longtemps j'ai une lettre à vous remettre. J'ai beaucoup tardé : vous étiez faible et souffrante, et je redoutais pour vous quelque commotion dangereuse. Vous ne m'en voudrez pas d'avoir si longtemps attendu? Je veillais sur votre santé. Je vous crois à cette heure assez bien rétablie pour pouvoir désormais, sans danger, vous occuper de votre correspondance. Prenez donc cette lettre. Je n'ai pas besoin de vous dire que le cachet m'en a été sacré.

Parlant ainsi, il lui tendit une lettre qu'il avait tirée de la poche de son habit.

— Monsieur de Grand-Lieu, je vous prie de la lire, s'écria Marie en refusant de la prendre.

M. de Grand-Lieu déposa la lettre sur le marbre de la cheminée, et se retira après avoir salué silencieusement sa femme.

Marie demeura longtemps à la même place, la tête cachée entre ses mains, le cœur abîmé dans des pensées amères. Enfin, elle s'approcha de la cheminée et jeta les yeux sur la lettre.

L'enveloppe était au timbre de Paris.

C'était une lettre d'Octave.

## Cinquième Partie.

A la vue de cette lettre, Marie oublia M. de Grand-Lieu, et la pensée d'Octave, un instant assoupie, se réveilla dans son cœur plus vive et plus terrible que jamais. Elle acheva cette nuit dans les larmes, sans pouvoir se décider à rompre le cachet fatal. Vingt fois elle l'essaya, et vingt fois elle en fut empêchée par une invisible puissance.

Il lui semblait qu'en ouvrant cette enveloppe, des caractères de feu allaient s'en échapper; elle croyait les sentir s'agiter et courir sous ses doigts en lignes brûlantes. — Ah! cruel, s'écriait-elle, pourquoi m'avoir écrit, et que peux-tu me dire que je ne me sois dit à moi-même? N'était-ce pas assez du cri de ma conscience? Était-il besoin d'ajouter tes reproches aux remords qui me déchirent? Mon Dieu! je n'ai donc pas assez souffert? le sacrifice n'est donc pas consommé? Je n'ai donc pas vidé mon calice jusqu'à la dernière goutte? Pourtant, mon Dieu, vous savez par combien de tortures j'ai racheté mon crime. Peut-être mérité-je à cette heure quelque indulgence et quelque pitié. Mon Dieu, soutenez-moi! J'ai été forte contre ma douleur; mais contre la douleur d'Octave, je sens que je vais être sans force et sans vertu. — Ainsi disant, elle couvrait la lettre de pleurs et de baisers, la pressant sur son sein avec amour et la rejetant avec désespoir.

Le matin, au lever du jour, elle sortit du château et se prit à suivre le cours de la Sèvre. On était alors aux premiers jours de juin. De blanches vapeurs flottaient sur la rivière; les oiseaux commençaient à ramager sous la feuillée. Tout emperlés des larmes de la nuit, les bois étincelaient aux premiers rayons du soleil. Marie marchait le long de l'eau; elle connaissait bien ce sentier; c'était depuis longtemps celui de sa douleur.

Après une heure de marche, elle arriva à cette même place où, par un soir d'automne, elle avait reçu les premiers aveux d'Octave. Pour que rien ne manquât à son martyre, ce fut là, sous ces mêmes ombrages, qu'elle résolut de lire la lettre qu'elle avait emportée dans son sein. Longtemps encore elle hésita, longtemps elle roula entre ses doigts tremblants le papier redouté. Enfin, par un mouvement désespéré, elle rompit le cachet, arracha la lettre de son enveloppe, en ouvrit les feuillets, et lut les lignes suivantes:

« Comment, mon aimable cousine, vous

pensez encore à tous nos enfantillages! Vous voulez que je vous pardonne, et vous promettez de mourir! Décidément il n'est que la Vendée pour les fidélités héroïques. Rassurez-vous, chère Marie; c'est à vous de pardonner; j'avais pris à l'avance le soin de vous absoudre. Il ne tiendrait qu'à moi d'usurper le beau rôle; j'aime mieux vous le restituer. Ma franchise sera mon excuse. Imaginez-vous, ma cousine, que je suis marié depuis dix-huit mois. Vos remords ont éveillé les miens, et vous me voyez tout confus et tout humilié. Mais aussi, pouvais-je raisonnablement supposer tant d'amour et tant de constance? Non, sans doute, je n'ai point oublié cette soirée que vous me rappelez, où nous échangeâmes nos serments au clair de la lune. Je me souviens qu'en effet il faisait un temps magnifique, quoique un peu froid. C'était en automne, si j'ai bonne mémoire; vous étiez charmante, et je vois encore vos petits pieds tapis dans l'herbe de la rive. Vienne octobre prochain, il y aura cinq ans de cela.

Ainsi, durant cinq ans, vous m'avez aimé, vous m'avez attendu, et la veille de votre mariage vous m'appeliez, vous m'attendiez encore. Savez-vous, mon aimable cousine, qu'il y a là de quoi me rendre bien honteux et bien fier? Toujours est-il que je ne m'en doutais pas. Je me suis marié sans me soupçonner infidèle. Si vous n'avez pas reçu de lettre de faire-part, c'est qu'à dater de juillet 1830, votre père nous avait formellement interdit toute espèce de relations avec le château de Kérouare. Je vous croyais mariée depuis longtemps, et heureuse. Qui m'eût dit que je vous trahissais m'aurait fort surpris, je vous jure. Vous apprendrez avec plaisir que j'ai épousé un excellent parti : quarante mille livres de rente, sans parler des espérances. Il est vrai que ce n'est ni votre grâce ni votre beauté. Comme vous, j'ai dû céder aux désirs de mon père; comme moi, vous vous résignerez. Vous verrez que rien n'est bon, rien n'est efficace comme le mariage pour abattre les folles exaltations de la jeunesse. Vous ne mourrez pas; ne voulez-vous pas que je vive? Je n'ai pas l'honneur de connaître M. de Grand-Lieu; mais d'après ce que je me suis laissé dire de sa personne, ce gentilhomme me semble vous convenir en tout point. Je regrette toutefois que vous l'ayiez épousé précisément parce qu'il était ruiné : ce n'est pas avec de pareils procédés que se font les bonnes affaires.

« Adieu, mon aimable cousine; je baise vos blanches mains, et vous prie d'agréer les vœux que nous ne cessons, ma mère et moi, d'adresser au ciel pour votre bonheur.

« Octave DUVIVIER. »

Marie lut deux fois, coup sur coup, cette lettre, la première fois, d'un œil égaré, la seconde, d'un regard froid et sûr; puis, après l'avoir remise sous enveloppe, elle la glissa tranquillement dans la poche de son tablier.

Cela fait, elle demeura longtemps assise au pied d'un chêne, la tête entre ses mains,

calme, silencieuse, immobile. Que se passa-
t-il en elle ? Nul ne saurait le comprendre,
qui n'a pas enseveli un vivant dans l'oubli
de son cœur. Lorsqu'elle se leva, elle était
radieuse et comme transfigurée. Il lui sembla que Dieu venait de l'arracher du néant,
et qu'elle assistait pour la première fois aux
splendeurs de la création. Elle passa ses
mains sur son visage comme quelqu'un qui
cherche à se ressouvenir, puis elle promena
autour d'elle un regard surpris et charmé.
Tout était fête et joie autour d'elle. Les
oiseaux chantaient à plein gosier; les in-
sectes ailés semaient l'air de rubis, d'amé-
thystes et d'émeraudes; les vapeurs, qui,
quelques heures auparavant, enveloppaient
les bois et les coteaux, s'étaient dissipées, et
la nature entière s'épanouissait sous les
chauds baisers du soleil. Ce fut dans l'âme
de Marie une pareille fête. Elle entendait
chanter en elle des voix nouvellement écloses;
elle sentait l'image de M. de Grand-Lieu se
dégager, pour ainsi dire, des brouillards qui

l'avaient si longtemps obscurcie ; elle croyait la voir rayonner dans son cœur ainsi que dans un ciel serein. On eût dit une révélation divine. Un sentiment de bonheur, non encore éprouvé, inonda tout son être ; ses yeux se mouillèrent de douces larmes, et, posant une main sur son sein :

— O mon noble époux ! s'écria-t-elle.

Madame de Grand-Lieu reprit aussitôt le chemin du château. Elle allait d'un pas léger et d'un cœur joyeux. Chose étrange ! Octave était aussi absent de sa pensée que s'il n'avait jamais existé. Il s'était abîmé dans son souvenir comme un cadavre dans la mer, sans laisser de sillons ni de rides à la surface. Rien ne restait de lui dans cette âme régénérée.

En arrivant à Kérouare, Marie aperçut le cheval de M. de Grand-Lieu, sellé et bridé, qui attendait son maître à la porte. Elle s'approcha du noble animal, et le caressa de sa petite main. Au même instant M. de Grand-Lieu parut, équipé et prêt à partir.

Il semblait ne pas se ressentir de la blessure de la veille.

— Vous partez! vous partez encore! lui dit Marie d'une voix triste et caressante.

Appuyé contre son cheval, M. de Grand-Lieu la contemplait en silence.

— Ne partez pas! ajouta-t-elle d'un ton suppliant.

M. de Grand-Lieu sourit tristement. Marie essaya vainement de le retenir : il était en selle.

— Je vous en prie, dit encore la jeune fille, restez; monsieur de Grand-Lieu, je ne vous demande qu'un jour, un jour seulement. Me le refuserez-vous? ajouta-t-elle en levant vers lui ses beaux yeux remplis de tendresse.

M. de Grand-Lieu ne répondait que par un mélancolique sourire. Cependant son cheval piaffait en hennissant, et déjà l'écume blanchissait le mors.

— Marie, dit enfin le jeune gentilhomme, je ne vous ai jamais vu l'air si heureux que ce matin.

— Ah! oui, s'écria-t-elle avec effusion, je suis en effet bien heureuse.

En ce moment, une félicité céleste illumina son doux visage.

— Il paraît, ajouta M. de Grand-Lieu, que vous avez reçu des nouvelles satisfaisantes.

Et il enfonça ses éperons dans les flancs de son cheval, qui partit au galop.

Marie, éperdue, voulut le rappeler, mais la voix expira sur ses lèvres, et déjà M. de Grand-Lieu avait doublé la lisière du bois. Elle le suivit longtemps du regard, longtemps elle écouta le pas de son cheval; puis, lorsqu'il eut disparu et qu'elle n'entendit plus rien, elle se sauva dans sa chambre.

Elle passa cette journée dans d'inexprimables angoisses, et crut que le soir n'arriverait pas. Elle essaya de prendre quelque repos, mais vainement. Elle sortit pour tromper la marche du temps; il lui sembla que l'ombre des arbres, au lieu de s'allonger, restait toujours à la même place. Dans les sentiers qui sillonnent en tout sens les bois d'alentour, elle vit passer à cheval plusieurs gentilshommes des environs, non pas en troupe, mais un à un, et se suivant à longue distance. Tous étaient armés d'un fusil de chasse à deux coups; mais il était aisé de voir, à leur air mystérieux et sombre, qu'il ne s'agissait pas de plaisir. Marie remarqua qu'ils suivaient tous la même direction qu'avait prise M. de Grand-Lieu. Un grand trouble s'empara de son cœur. Inquiète, alarmée, elle alla trouver son père et l'interrogea.

—Mon père, dit-elle, que se passe-t-il? Depuis longtemps on s'agite autour de nous. Je ne sais rien, je n'ai rien surpris; mais quelque chose me dit que de grands malheurs se préparent. Nous sommes sur une mine qui finira par éclater. Déjà depuis longtemps cette terre tremble sous nos pieds.

Le vieillard voulut rassurer sa fille.

— Je n'ai point de peur, s'écria-t-elle en

l'interrompant ; mais êtes-vous sûr que M. de Grand-Lieu soit étranger à ce qui se passe? Pourquoi ces fréquentes absences? Hier, il n'est rentré que bien avant dans la nuit, et, ce matin, il est reparti, sans que j'aie pu le retenir. Mon père, ne savez-vous rien de ses desseins? Votre parole aurait peut-être plus d'influence que la mienne. Rappelez à M. de Grand-Lieu que vous lui avez confié le bonheur de votre enfant : depuis longtemps il l'oublie trop, mon père.

— Il ne l'oublie pas, mon enfant, répliqua le comte de Kérouare ; je réponds de son amour pour toi et de sa sollicitude. Ce matin encore, avant son départ, nous avons eu un long entretien durant lequel il n'a été question que du bonheur de notre chère Marie. Son généreux cœur n'est préoccupé que de toi : il n'est que l'amour de ton père qui se puisse comparer au sien.

— Il nous fuit pourtant, il nous évite, dit Marie en dévorant ses pleurs.

— Tu calomnies ses intentions, ma fille;

il cherche à réparer l'échec qu'a reçu sa fortune, et en ceci, comme en toutes choses, il n'agit qu'en vue de ta félicité. Ce matin il m'en parlait encore, et, près de me quitter, ce noble jeune homme m'a embrassé en prononçant ton nom.

— Il vous trompe! mon père, il vous trompe, s'écria-t-elle avec des sanglots. Ce n'est point de sa fortune qu'il s'agit, ni de mon bonheur, hélas! mais bien de notre perte à tous.

A ces mots, elle s'arracha des bras de son père et s'enfuit tout éplorée. Je ne sais quel instinct la poussa dans l'appartement de M. de Grand-Lieu : elle y pénétra pour la première fois. C'était l'appartement qu'il avait de tout temps occupé au château de Kérouare. Tout y était en désordre. Une neige de papiers déchirés en mille morceaux couvrait le parquet ; çà et là des gouttes de sang toutes fraîches, des armes éparses sur les meubles. Le lit n'était pas défait ; il était évident que M. de Grand-Lieu avait veillé toute la nuit. Sur la plaque de marbre de la cheminée, un moule à balles et des traces de plomb figé. Plus loin, des paquets de poudre éventrés et vides. De lettres, nulle part! Marie chercha partout et ne trouva rien. Seulement, dans une boîte de palissandre, le portrait du père de M. de Grand-Lieu, et, dans la même boîte, un bouquet desséché de fleurs des champs, qu'elle reconnut pour les avoir cueillies elle-même et portées tout un jour sur son sein.

Marie sortit de cette chambre, moins rassurée encore, et plus tremblante qu'avant de l'avoir visitée; mais en voyant le soleil qui descendait enfin à l'horizon, elle se sentit soulagée d'un grand poids et se prit à respirer plus à l'aise. On assurait dans le château que M. de Grand-Lieu avait promis de rentrer avant la fin du jour. La jeune fille alla s'asseoir au pied du coteau, sur le bord de la Sèvres. Le jour baissait, et tous les bruits lointains la faisaient tressaillir comme une commotion électrique. Un paysan du village voisin vint à passer, se rendant à la ville; elle l'arrêta de la voix pour lui demander des nouvelles.

— Que dit-on? que fait-on? Le pays est-il tranquille?

Le bonhomme hocha la tête.

— Les mauvais jours sont revenus, dit-il.

Et il continua son chemin.

Ces quelques paroles avaient glacé Marie de terreur. Cependant, au milieu de toutes ces angoisses, elle éprouvait un sentiment de bonheur, vaste et profond comme la mer, dans lequel elle se plongeait avec ivresse. Au milieu des voix orageuses qui grondaient dans son cœur, il y avait une voix charmante qui par instant les couvrait toutes, et qu'elle écoutait avec ravissement.

Le jour baissait; M. de Grand-Lieu ne revenait pas. A l'heure où les hommes des champs prennent leur repas du soir, Marie gagna la ferme voisine. Elle trouva la famille attablée et causant des affaires du jour. C'était là précisément ce que Marie voulait entendre. Elle prit place sur un escabeau, et elle écouta. Les récits étaient contradictoires. Les uns assuraient qu'on en venait aux mains du côté de Tiffauges, les autres du côté des Herbiers. Tous s'accordaient à dire qu'à Clisson la générale avait battu trois fois durant le jour. Des troupes de Nantes, arrivées de la veille, avaient pris position dans les alentours. Tout le pays était sous les armes. Plusieurs noms de chefs insurgés furent jetés dans la conversation. On ne prononça pas celui de M. de Grand-Lieu; mais Marie crut remarquer qu'on l'observait à la dérobée. Elle remarquait tout, elle écoutait tout avec une avide épouvante. On parlait aussi de rassemblements mystérieux. Le plus jeune garçon de la ferme affirmait avoir vu, le soir même, plusieurs cavaliers tout armés s'introduire dans le château de la Pénissière. Il en avait reconnu plusieurs qu'il nomma.

— Avez-vous reconnu M. de Grand-Lieu? demanda Marie en s'efforçant de sourire.

— Non, madame, répondit le jeune gars, je n'ai pas vu M. de Grand-Lieu.

— S'il n'était mort, tu aurais vu son père, ajouta le chef de la famille, vieux Vendéen incorrigible.

— Vous n'avez eu que trois fermes brûlées sous vous; vous pensez que ce n'est point assez, dit la fille aînée en pressant entre ses bras deux beaux enfants, dont l'un était encore à la mamelle. Vous voulez que nos fils soient aussi malheureux que l'ont été nos pères.

Le vieillard, pour toute réponse, leva les épaules et tourna son regard indigné vers un portrait grossièrement enluminé de Charette, qui pendait à la muraille.

Marie se retira. Il faisait nuit sombre; le ciel était chargé de gros nuages. La foudre grondait au loin; déjà de larges gouttes de pluie s'échappaient de la nuée epaisse. Marie rentra au château : M. de Grand-Lieu n'avait pas encore reparu. M. de Kérouare cher cha à faire passer dans l'esprit de sa fille une sécurité qu'il n'avait plus lui-même. Depuis quelques heures, des bruits sinistres étaient arrivés jusqu'à lui. Pendant l'absence de Marie, une visite domiciliaire avait eu lieu au château de Kérouare. On avait saisi dans l'appartement de M. de Grand-Lieu les armes et les papiers qui s'y trouvaient. Le même jour, à la même heure, de semblables perquisitions avaient été faites au château de Grand-Lieu; un vieux serviteur venait d'en apporter la nouvelle. Au dehors, on avait remarqué, vers le soir, des mouvements inaccoutumés. Des détachements d'infanterie avaient battu les bois environnants; on avait vu les baïonnettes reluire à travers les halliers; à cette heure encore, on entendait les roulements lointains du tambour qui se mêlaient au bruit du tonnerre; le tocsin sonnait à Clisson, et le vent d'orage en apportait jusqu'à Kérouare les cris de détresse. On essayait de cacher à madame de Grand-Lieu une partie de la vérité; mais la consternation qui régnait autour d'elle lui en apprenait déjà trop.

— Vous dites donc, mon père, s'écria-t-elle tout d'un coup, en s'adressant à M. de Kérouare, vous dites que M. de Grand-Lieu vous a embrassé ce matin en partant?

— Et en m'embrassant il a prononcé ton nom, ajouta le vieillard en pressant la main de sa fille.

— Il a prononcé mon nom! dit-elle comme en rêvant.

Puis elle ajouta :

— Ce doit être la première fois que M. de Grand-Lieu vous a embrassé, mon père?

— C'est la première fois en effet, répondit M. de Kérouare.

Elle se leva brusquement, écrivit à la hâte quelques lignes, et demanda Georges, le plus intelligent, le plus actif, le plus alerte de ses serviteurs. Georges accourut.

— Sellez un cheval, lui dit-elle d'une voix ardente; allez au château de la Pénissière, voyez M. de Grand-Lieu, remettez-lui cette lettre, et soyez de retour dans une heure.

— Oui, madame, répondit l'honnête garçon.

Deux minutes après, il passait, comme le vent, sur la lisière du bois.

Au bout d'un quart d'heure, l'orage éclata avec une incroyable furie. Une heure, deux heures s'écoulèrent; Georges ne revenait pas. La pluie tombait par torrents; à chaque instant la foudre éclatait. Enfin, sur le coup de minuit, un cheval s'arrêta devant la porte du château. C'était le cheval de Georges; mais la selle était vide. Ce fut un nouveau sujet de larmes et de désespoir; ce fut en même temps un sombre et terrible présage. Tout le château était debout; on ne parlait pas : on osait se regarder à peine.

Au lever du jour, on entendit de toutes parts résonner les clairons et battre les tambours. Bientôt on put voir des bataillons défiler au loin dans la plaine. Des messagers qu'on avait envoyés aux informations rapportèrent que les troupes se dirigeaient vers le château de la Pénissière, qui se préparait, assurait-on, à faire bonne résistance. Marie ne douta plus que son mari ne fût au nombre des insurgés. Georges avait été trouvé sans vie dans la forêt : son cheval s'était sans doute emporté, et le malheureux avait été tué, avant d'avoir pu remplir son message. Madame de Grand-Lieu voulut partir pour aller elle-même arracher son mari aux dangers qui le menaçaient. On eut bien de la peine à lui démontrer que ce projet n'était pas réalisable. En effet, dès le matin, la Pénissière avait été cernée, et c'eût été folie que de vouloir y pénétrer. D'ailleurs il était encore permis de douter que M. de Grand-Lieu comptât parmi les rebelles. — Il t'aime, disait M. de Kérouare, il sait que sa vie est la tienne ; le bonheur l'a rendu ménager de ses jours. Hélas! Marie le connaissait, ce bonheur, et voilà bien pourquoi elle s'arrachait les cheveux avec désespoir. Chose étrange, encore une fois! au milieu de tant d'émotions, elle ne songea pas à Octave, pas même pour l'accuser et le maudire. Il était mort en elle, ou plutôt il n'avait jamais vécu.

Madame de Grand-Lieu avait pris place à sa fenêtre, observant, écoutant avec une horrible anxiété, l'œil fixe, l'oreille avide, le cœur haletant. M. de Kérouare se tenait debout près de sa fille. Tous les serviteurs étaient rassemblés dans la chambre de leur jeune maîtresse. La Pénissière est si près de Kérouare, que Marie aurait pu en apercevoir la toiture, sans les massifs de verdure qui la lui cachaient. Avant ce jour, ce n'était, à vrai dire, qu'une ferme; cette grande et folle journée l'érigea pour jamais en château. Ce fut avec le sang de vingt jeunes héros que furent signés ses titres de noblesse.

Cependant tout restait calme. Des paysans qui passaient au pied de Kérouare prétendaient que c'était une fausse alerte, et qu'il n'y avait à la Pénissière personne autre que le fermier. Un rayon d'espérance commençait à briller, quand tout à coup un roulement de tambours se fit entendre, et presque au même instant la fusillade s'engagea.

On vit alors un spectacle qui aurait arraché des larmes aux yeux les plus indifférents. Marie tomba mourante entre les bras de son vieux père, et tous les serviteurs se pressèrent autour d'elle en pleurant.

A ce mouvement de faiblesse succéda dans l'âme de madame de Grand-Lieu un courage froid et terrible. Elle s'arracha des étreintes de M. de Kérouare, et reprit sa place à la fenêtre. Tout ce qu'on tenta pour l'éloigner fut inutile : l'héroïque fille resta debout, ferme et immobile. Elle mourut ainsi de mille morts, car tous les coups de feu la frappèrent au cœur.

Les décharges continuaient. On pouvait distinguer l'attaque et la riposte, et, pour ainsi dire, les demandes et les réponses. De loin en loin, de lourdes explosions, puis des coups isolés, puis de longs silences plus lugubres, plus effrayants que le bruit même.

D'une part, le tambour battait sans interruption; de l'autre, les cors et les clairons sonnaient de belliqueuses fanfares. En même temps, partaient des deux côtés des chants également connus de la victoire : la jeune Marseillaise et le vieil Henri IV se mêlaient au milieu du sifflement des balles.

Madame de Grand-Lieu n'avait point changé d'attitude. Elle était là comme assistant sur quelque place de Grève à l'exécution de son époux. M. de Kérouare sentait, malgré lui, son reste de sang s'allumer. Le vieux coursier hennissait à l'odeur de la poudre.

De temps en temps passaient des curieux qui, s'étant approchés, autant qu'ils l'avaient pu faire, du théâtre du combat, en semaient des nouvelles sur leur passage. On les arrêtait, on les interrogeait. Les uns affirmaient que le château pouvait tenir longtemps encore, et que sans artillerie on en viendrait difficilement à bout; d'autres, en souriant, que c'était un enfantillage, et que, pour se rendre maître de la place, il suffisait de quelques hommes résolus. L'on s'accordait sur ce point, que les nobles rebelles se défendaient comme des lions, et n'avaient d'ailleurs aucune chance de salut. Quelques-uns, cependant, qui prétendaient bien connaître les lieux, assuraient qu'on pouvait aisément s'échapper par les derrières, qui n'étaient point gardés, grâce à la pluie d'orage qui avait inondé les prairies d'alentour. On citait plusieurs gentilshommes des environs, engagés dans cette échauffourée ; mais nul ne put dire si M. de Grand-Lieu était de la sanglante fête.

Vers le milieu du jour, on aperçut une épaisse fumée s'élever au-dessus des bois : c'était la Pénissière qui brûlait. La fusillade s'était ralentie, mais les chants avaient redoublé parmi les assiégés, qui, triomphant dans leur désastre, remplissaient l'air des joyeux éclats de leurs voix et de leurs instruments.

Marie n'avait pas bougé ; seulement la pâleur de son front s'était illuminée, et ses yeux brillaient d'une fiévreuse ardeur.

Tout à coup une troupe de cavaliers au galop déboucha du bois dans la vallée. L'un d'eux s'en détacha brusquement et se dirigea vers le château de Kérouare avec la rapidité d'un caillou lancé par une fronde.

Il n'y eut qu'un cri dans l'appartement de madame de Grand-Lieu, un cri de joie et de délivrance.

— Sauvé! il est sauvé! c'est lui!

Marie s'était élancée la première; mais presque aussitôt elle recula avec épouvante.

Ce n'était pas M. de Grand-Lieu.

### Sixième et dernière Partie.

C'était un jeune gentilhomme des environs de Mortagne, le vicomte de W\*\*\*, ami d'enfance de M. de Grand-Lieu, bien connu au château de Kérouare. Il avait ses vêtements en désordre, les mains et le visage noircis par la poudre; son front saignait d'une blessure profonde. En le reconnaissant, Marie s'était jetée dans les bras de son père. Le jeune homme se tenait debout, silencieux. Au château de la Pénissière, les chants avaient cessé : on n'entendait plus que quelques coups de feu qui se répondaient de loin en loin ; une fumée noire et épaisse continuait de s'élever au-dessus des bois.

— Qu'avez-vous fait de M. de Grand-Lieu? s'écria la jeune fille en s'arrachant des bras de M. de Kérouare, qu'avez-vous fait de mon mari?

— Tout ce qu'il était humainement possible de faire pour le sauver, nous l'avons fait, madame, répondit le jeune homme : nos efforts ont été vains. M. de Grand-Lieu a refusé de partager la chance de salut qui nous était offerte. Rien n'a pu l'entraîner, ni nos prières, ni notre exemple. Il a protégé notre retraite ; nous l'avons tous embrassé en partant. C'est moi qu'il a pressé le dernier sur son noble cœur. J'ai tenté un dernier effort : je l'ai supplié en votre nom, madame. Je lui ai dit qu'il avait assez fait pour son parti, qu'il devait se conserver pour vous, pour votre père, pour notre cause sainte.— Adieu ! m'a-t-il dit avec un triste sourire : mon parti ne me doit rien, et Dieu seul connaît la cause pour laquelle je veux mourir. — Ce sont ses dernières paroles. Peut-être ce papier qu'il m'a chargé de vous remettre vous en apprendra-t-il davantage.

Marie s'empara du papier que lui tendait le vicomte de W***. C'était un testament en bonne forme, daté du château de la Pénissière, par lequel M. de Grand-Lieu léguait à sa femme les débris de sa fortune. Pas un mot, d'ailleurs, pas une plainte, pas un regret, pas un adieu !

— Il est resté seul? demanda la jeune fille.

— Seul vivant, au milieu des flammes.

— Alors, ces coups de feu?...

— C'est lui qui vit et se défend encore.

— Partez, monsieur, s'écria-t-elle : on doit être à votre poursuite. Ce château est suspect ; cherchez un asile plus sûr. Et nous, mon père, allons, allons sauver M. de Grand-Lieu, ou mourir avec lui !

Sa voix était éclatante, et son visage illuminé.

Au même instant une détonation retentit.

— Mort! s'écria Marie en tombant à genoux.

On écouta : — plus rien ! cette explosion fut la dernière; aucune autre n'y répondit.

---

Le soir de cette mémorable journée, on vit un spectacle digne d'une éternelle pitié. Madame de Grand-Lieu et son père sortirent du château de Kérouare et se dirigèrent vers la Pénissière, suivis de tous leurs serviteurs. Le vieux comte marchait tête nue, appuyé sur le bras de sa fille : Andromaque et le vieux Priam allant redemander les dépouilles d'Hector ! Le cortége s'écoula lentement le long des sentiers. Tous étaient silencieux : comme leur maître, les serviteurs avaient le front découvert. Marie ne chancela pas une fois durant ce trajet funèbre. Son pas était ferme; ses yeux ne pleuraient pas. Elle soutenait la démarche tremblante de son père. Au bout de deux heures, ils s'arrêtèrent devant la cour de la Pénissière. M. de Kérouare et madame de Grand-Lieu s'étant présentés à la porte, deux factionnaires les repoussèrent durement; mais un jeune officier parut, et, s'inclinant avec respect devant cette muette douleur qu'il comprit sans l'interroger, il donna des ordres pour qu'on laissât entrer le vieillard et sa fille.

Ils entrèrent. Ces lieux dévastés offraient en raccourci le tableau d'un champ de bataille et l'image d'une ville prise d'assaut. Le château était debout, mais il n'en restait que les murs : le toit s'était effondré dans les flammes. Les ruines fumaient encore. La cour était jonchée de cadavres, les uns appartenant à la troupe, les autres qu'on avait arrachés de l'incendie, tous frappés par devant, défigurés et à peine reconnaissables.

Les vivants bivouaquaient au milieu des morts. Çà et là des fusils en faisceaux, des tambours et tout l'appareil militaire. Plus loin, des soldats blessés, étendus sur des matelas. Le sol était souillé de sang et couvert de débris.

Marie s'avança, sans faiblir, au milieu de toutes ces horreurs. Elle se pencha sur chaque cadavre, les examina tous, froidement, un à un, et s'assura que celui de M. de Grand-Lieu manquait. Un éclair d'espérance traversa son âme désolée.

— Est-ce là, monsieur, tous les morts trouvés dans la place? demanda-t-elle d'une voix émue au jeune officier.

— Tous, oui, madame.

— Et pensez-vous, monsieur, les avoir tous arrachés des flammes? ajouta M. de Kérouare. L'incendie n'en a-t-il pu consumer quelques-uns?

— Quelques-uns ont été peut-être ensevelis sous les décombres, répliqua l'officier; mais je ne le pense pas.

— Il est sauvé! s'écria Marie dans son cœur.

En tournant la tête, elle aperçut un soldat qui, par un geste silencieux, lui indiquait un coin de la cour ombragé par un mûrier. Marie frissonna, marcha droit au lieu indiqué, poussa un cri, et tomba sur le corps sans vie de M. de Grand-Lieu. M. de Kérouare ayant voulu s'approcher de sa fille :

— Éloignez-vous, mon père, éloignez-vous, dit-elle.

Elle demeura seule agenouillée près du cadavre de son mari, lui parlant à voix basse, comme s'il avait pu l'entendre, et couvrant de baisers son front pâle et ses mains glacées. M. de Grand-Lieu avait reçu trois coups de feu dans la poitrine; mais son corps n'avait subi aucun outrage. Son visage était calme et serein; ses belles mains avaient la mate blancheur de l'albâtre.

La douleur de Marie fut grave, sans larmes et sans éclat. Au bout d'une heure, elle se releva, et s'approchant de M. de Kérouare, qui s'était assis à quelques pas de distance, courbé sur ses genoux tremblants :

— Du courage, mon père! dit-elle en lui tendant la main.

Ils s'avancèrent vers l'officier pour lui demander la permission d'enlever le corps de M. de Grand-Lieu.

— C'est mon époux, dit la jeune femme.
— C'est mon fils, ajouta le vieillard.

Le jeune homme donna aussitôt des ordres pour qu'on préparât un brancard de feuillage, sur lequel on étendit les dépouilles mortelles du guerrier vendéen. Quatre serviteurs du château de Kérouare le soulevèrent sur leurs épaules. Lorsque le convoi sortit de la cour, le tambour battit; rangés de front sur une ligne, les soldats présentèrent les armes, et l'officier salua avec la lame de son sabre.

Le brancard marchait en tête; M de Kérouare et sa fille venaient ensuite, escortés du reste de leurs serviteurs.

Il est à Clisson, sur le plateau de la colline qui domine la rive gauche de la Sèvres nantaise, un cimetière rustique, caché sous l'ombrage des hêtres et des chênes. C'est là que M. de Grand-Lieu fut enseveli le lendemain, sans pompe et sans honneurs.

A partir de ce jour, on vit tous les soirs, à la même heure, madame de Grand-Lieu, en habits de deuil, venir s'agenouiller ou s'asseoir sur la tombe de son mari. Elle y restait de longues heures, et plus d'une fois M. de Kérouare fut obligé de l'en arracher.

Souvent aussi on la vit errer, comme une ombre plaintive, autour du château de la Pénissière.

Il serait difficile d'ailleurs d'imaginer une douleur plus calme et plus paisible. Jamais de sanglots ni de pleurs; toujours affectueuse et tendre pour son père, bonne pour ceux qui l'entouraient; seulement distraite, silencieuse, écoutant à peine, et ne répondant, la plupart du temps, que par un pâle sourire.

Cependant en moins de quelques mois ses yeux se cavèrent, son front se flétrit, ses lèvres se décolorèrent. Elle ne souffrait pas : elle s'éteignait.

Un matin elle dit à son père :

— Mon père, est-ce que vous m'en voudriez, si je mourais avant vous?

— Tu veux donc mourir? demanda le vieillard.

— Je serais partie depuis longtemps, dit-elle; c'est la crainte de vous affliger qui m'a retenue sur la terre. Si vous voulez, mon père, nous partirons ensemble.

— Quand tu voudras, ma fille, je serai prêt, répondit M. de Kérouare en branlant tristement la tête.

Elle ne parlait jamais de M. de Grand-Lieu, et ne souffrait pas qu'on parlât de lui devant elle.

Plus sa fin approchait, plus elle devenait sereine.

Sur le dernier temps, elle était presque joyeuse.

Elle mourut juste un an après la mort de son mari, le jour anniversaire du combat de la Pénissière.

La veille, elle s'était couchée sans avoir pu accomplir son pèlerinage accoutumé. Les forces lui avaient manqué. Le lendemain matin M. de Kérouare entra dans la chambre de sa fille : Marie était assoupie. Le vieillard passa la journée auprès d'elle.

Vers le soir, elle s'éveilla, se tourna vers son père, et lui tendant la main avec un céleste sourire :

— Mon père, êtes-vous prêt ? dit-elle.

M. de Kérouare garda cette main dans la sienne, et, la sentant se refroidir et se glacer, il se pencha avec effroi sur le visage de sa fille.

La tête de Marie reposait immobile ; l'âme, enfin délivrée, venait de s'envoler, et déjà les anges l'avaient déposée, blanche et sans tache, aux pieds de l'Éternel.

M. de Kérouare suivit de près son enfant. Tous deux furent ensevelis à côté de M. de Grand-Lieu. On montre à Clisson leurs trois tombes.

M. Octave Duvivier, un des agents de change de Paris les plus distingués et les plus spirituels, ayant naturellement hérité du château de Kérouare, s'est empressé de le vendre à un honnête manufacturier de Nantes, qui se propose de le faire abattre et de le remplacer par une filature de coton.

**NIEDERSTEINSCHLOSZ.**

I.

En 1757, un jeune médecin, nommé Adolphe Rennberg, revint habiter un petit village près de Munich, avec sa mère et ses deux sœurs. C'était son vrai pays natal; il y était venu au berceau, il ne l'avait quitté que pour le temps des études, il y revenait avec un doux plaisir, sans trop prier le ciel de lui envoyer des malades, tant il aimait les gens du terroir. C'était un assez beau garçon, insouciant, naïf et enthousiaste, se laissant aller au cours de la vie comme une feuille au cours du ruisseau, aimant sa famille par-dessus tout, mais n'aimant guère moins son chien et sa pipe, le sentier désert et le bocage odorant ; ce qui ne l'empêchait pas de se plaire passablement dans la taverne enfumée, avec les paysans endimanchés et les buveurs de chaque jour. Durant ses études à Munich, il s'était nonchalamment accoutumé au bruit et au parfum de la taverne ; il n'avait pas songé à combattre ses penchants grivois, il trouvait un charme singulier dans le tableau joyeux des buveurs ; peintre, il fût devenu un des plus gais écoliers de Téniers, dont il aimait jusqu'aux plus mauvaises copies. Malgré ces penchants, il cultivait dans son âme les fleurs bleues des pures amours ; jamais poëte allemand n'éveilla de plus souriantes rêveries. Il avait plus que tout autre l'instinct des contrastes : c'était souvent au fond d'un cabaret, au tintement des verres, dans la fumée du tabac, que lui apparaissaient les plus blanches images de l'amour. Sa mère essayait, par ses prières, de lui fermer pour jamais la porte alléchante de la taverne ; mais il laissait vainement prier sa mère, malgré son amour pour elle, alléguant que la vie du village était ennuyeuse comme le purgatoire ; qu'il fallait bien rire quand on n'avait rien à faire ; qu'enfin, voyant le médecin au cabaret, la mort n'aurait garde de s'arrêter au pays.

Peu de temps après son retour, il devint éperdument amoureux de Marguerite, la fille d'un fermier ruiné ; Marguerite, toute fraîche et toute blonde, dont la beauté tendre et touchante passait en proverbe dans le pays. Elle avait vingt ans depuis l'automne ; elle vivait dans le silence avec son père ; on la voyait à peine au village une fois par semaine. La chronique des lavandières racontait sur elle bien des histoires incroyables. On disait qu'un chasseur inconnu avait tenté de l'enlever par une belle nuit de mai; on disait même que, de son côté, elle n'avait guère résisté; mais son père veillait sur elle avec la plus austère sollicitude. Il la voulait marier à un neveu des environs de Mons, et le diable lui-même n'aurait pu le détourner de ce dessein. Adolphe ne croyait rien de tout cela : aussi il se mit à aimer Marguerite avec toutes les espérances du monde et avec toute l'ardeur d'une âme poétique. Adolphe était dans la belle saison de l'amour; jusque-là ce n'était qu'aurores, préludes, roses entr'ouvertes; enfin l'heure solennelle était venue. Il craignit d'abord d'aimer tout seul; mais quelques œillades surprises dans le chemin de la ferme et dans l'église de Hartz l'avertirent un peu que la belle Marguerite était touchée de son culte et de sa promenade. Un plus savant que lui sur ces choses-là eût découvert que ce regard bienveillant de la fermière voulait dire ceci, ou à peu près : Si je n'en aimais un autre, je vous aimerais. La femme la plus fidèle a toujours un second amant dans le chemin du cœur.

Marguerite tomba malade, on ne sut ni pourquoi ni comment. Le bruit s'en répandit aussitôt. Son père venait de partir pour la Flandre, où il voulait voir un de ses frères, et étudier la culture du pays. Le médecin du fermier restait à deux lieues de la ferme : Adolphe espéra qu'on n'irait pas si loin ; mais le jour même il vit passer à Hartz le vieux médecin de Wesel. « C'est étonnant, dit-il, voilà un médecin nouveau. » Il voulut le suivre à la ferme ; la vanité l'arrêta en chemin. « Ils m'appelleront, dit-il en retournant.—Le lendemain l'amour l'entraîna encore vers la ferme ; et au moment où il se décidait à entrer, il vit sortir le vieux docteur qui semblait abattu, et qui, sur sa demande, lui apprit la mort de la pauvre fille.

— Elle est morte ! s'écria Adolphe.

— Eh ! mon Dieu, oui, dit le docteur en éperonnant son cheval, j'ai eu beau faire, la science n'y pouvait rien.

— Je l'aurais sauvée, murmura le pauvre amoureux dans son désespoir.

— Vous eussiez fait comme moi, dit sèchement le docteur, vous l'auriez sauvée de la vie.

Il disparut au même instant sous l'avenue des pommiers.

Adolphe s'en retourna chez sa mère tout éploré et tout gémissant. Il passa le reste du jour au coin du feu, accablé sous sa douleur, ne voyant pas, ne disant rien, presque mort comme Marguerite. La nuit, il dormit à peine; à son réveil, le désir lui vint de voir de ses yeux et de toucher de ses mains le corps de cette femme aimée avant de l'abandonner aux fossoyeurs : un doute, un pressentiment, une espérance, comme il en vient souvent aux amants, l'avait vaguement poursuivi depuis la veille. Mais quand il arriva à la ferme, on lui dit que la morte était ensevelie et couchée à jamais dans le cercueil. Quatre jeunes filles vêtues de blanc priaient à l'entour.

Adolphe ne voulut point profaner le dernier refuge de Marguerite ; il s'avoua que l'amour seul l'avait amené, il s'inclina religieusement devant le cercueil, et reprit le chemin de Hartz. Sans savoir pourquoi, il entra en passant à l'église, et reposa son front sur la pierre d'un pilier. Longtemps il demeura seul, écoutant la funèbre sonnerie des cloches et les tristes battements de son cœur, laissant tomber dans la nef un morne regard sur la draperie larmée qui allait couvrir le cercueil de Marguerite, cette dernière parure de ceux qui s'en vont. Un bruit de pas retentit sous les voûtes silencieuses ; il détourna la tête, il vit un jeune homme en costume de chasse, qui descendait alors l'escalier du portail. Il fut frappé de sa figure sombre, de sa pâleur mortelle et de son air inquiet. Il le suivit des yeux avec une curiosité passionnée. Le chasseur, qui avait déposé son fusil et sa gibecière sous le portail à la garde de son chien, s'avança vers le chœur, le front incliné, en proie à quelque

rêve profond, à quelque pensée infinie.
Après avoir dépassé le bénitier, il revint subitement sur ses pas, il trempa le bout des doigts dans l'eau bénite, et fit le signe de la croix le plus religieusement du monde. Adolphe vit bien que le chasseur n'était pas accoutumé à cette œuvre de dévotion, qu'une pensée de deuil, une souvenance, une crainte l'avaient seules rappelé à ce devoir, sans doute oublié depuis longtemps. Le chasseur passa en s'inclinant devant la draperie des morts, et traversa l'église de plus en plus perdu dans sa pensée ; il s'arrêta enfin dans une chapelle, et s'agenouilla devant une vierge antique couronnée de blanches immortelles. Adolphe ne cessa de le regarder qu'au moment où le convoi descendit dans l'église. Dès qu'il vit les jeunes filles s'avancer avec le cercueil, à la suite des chantres, il ne pensa plus qu'à son fatal amour, qui n'avait pu mourir avec Marguerite. Bientôt les chants des psaumes le chassèrent de l'église ; il s'enfuit dans la campagne pour

apaiser les battements de son cœur. Il gravit
le versant de la colline de Roms, et se reposa
sur une roche moussue à l'ombre d'un mûrier sauvage, où souvent il s'était arrêté
pour regarder dans la cour et dans le jardin
de la ferme. Cette fois, hélas! ce fut pour
voir dans le cimetière. Les fossoyeurs, assis
sur l'herbe, attendaient, en devisant, la fin
de la messe. Un homme vint à eux, et leur
dit quelques paroles après avoir contemplé
la profondeur de la fosse. Adolphe crut re-
connaître le chasseur qui l'avait troublé
dans l'église. Cet homme disparut quand le
convoi s'avança. L'étudiant souffrit plus que
jamais à la vue de ce triste tableau des vivants dans les champs des morts, à la vue
de ces blanches filles allant enterrer une de
leurs compagnes. Peu à peu le convoi se
dispersa, après avoir prié et pleuré sur la
fosse; le cimetière redevint désert et silencieux. Le ciel était serein, légèrement voilé;
le vent ne jetait guère qu'un sourd gémisse-
ment au travers des arbres. Ce calme et

cette mélancolie de la nature apaisèrent le cœur d'Adolphe : il fit aussi sa prière pour le repos de l'âme de Marguerite, et Dieu sans doute eut pitié de lui, car, après avoir prié, il pleura.

II.

À la nuit tombante, Adolphe rentra dans le village, et voulut s'arrêter devant la maison de sa mère, qui était une pauvre femme vivant dans l'amour de Dieu et de ses enfants. Mais, en passant devant la porte, il lui vint une fumée odorante du souper qui le chassa plus loin. Au détour de la rue, il revit le chasseur et son chien, qui gambadait devant lui. En arrivant à la porte d'un mauvais cabaret, le chasseur sembla réfléchir; il franchit lentement le seuil. Poussé par la curiosité, Adolphe le suivit. Le cabaret regorgeait d'ivrognes : c'étaient les sonneurs, le maître d'école, les fossoyeurs, le sacristain, tous les serviteurs de l'église paroissiale de Hartz, qui se consolaient de la mort de Marguerite. En entrant, Adolphe ne vit d'abord qu'un nuage de fumée; peu à peu il distingua une vingtaine de figures épanouies respirant les parfums enivrants du vin et du tabac. Dans un coin de la salle étaient le chasseur et son chien ; le chasseur renversé contre le mur, et son chien nonchalamment étendu à ses pieds. Adolphe chercha du regard quelque table déserte : n'en trouvant pas une seule, il alla s'asseoir à celle du chasseur. Ce fut un singulier contraste que ces deux nobles têtes, pâles et tristes, à côté des plus joyeux buveurs du village. En se retournant pour demander une bouteille de vin, Adolphe marcha sur la queue du chien, qui, déjà jaloux de voir un étranger à la table de son maître, releva ses lèvres, et montra deux magnifiques rangées de dents. Le chasseur l'arrêta et l'apaisa d'un seul mot ; le médecin lui tendit une main caressante, et la bête mutine se recoucha en grognant. Grâce à cette aventure, les deux jeunes gens commencèrent à se parler : l'un offrit de son vin, l'autre de son tabac, et en moins de rien le médecin, le chasseur et le chien étaient ensemble comme trois amis. L'heure du souper fit partir peu à peu tous les buveurs, et nos trois amis demeurèrent seuls dans la salle avec la cabaretière, qui se délassait en filant sa quenouille.

— Monsienr le docteur, dit après un silence le chasseur à Adolphe, le bruit court que mademoiselle Marguerite a succombé à une maladie nerveuse ; ne l'avez-vous pas vue mourir ?

— Oui, monsieur, à une maladie nerveuse ; mais je ne l'ai pas vue mourir.

— Il me semble, dit le chasseur en pâlissant, que mademoiselle Marguerite a été enterrée bien vite.

— Oh! oui, s'écria avec empressement la cabaretière; on n'attend jamais assez. Je me ressouviens toujours de cette dame de Munich, morte subitement un jeudi vers le soir, et enterrée le lendemain avant midi : ce qui ne l'a pas empêchée d'en revenir, grâce à un fossoyeur qui a été la nuit suivante la déterrer pour lui dérober un diamant qu'elle avait au doigt. Elle existe encore à cette heure ; voyez plutôt l'almanach de l'an passé.

Le chasseur sourit d'un air de doute.

— Malgré l'almanach, cette histoire est vraie, dit Adolphe, et j'en sais des plus singulières. Ces vieux contes de revenants et de vampires n'ont-ils pas pris leur source dans les funestes méprises qui ont enterré des vivants? On ferait là-dessus un beau roman.

— A propos de roman, dit le chasseur, je me souviens que le baron de Waldstein est mort victime d'une de ces funestes méprises.

— Bien d'autres personnages célèbres en furent victimes, un empereur d'Orient, un consul romain. Vous n'avez qu'à feuilleter les écrits dignes de foi de Lancisi, de Bruhier, de Winslow, vous trouverez de terribles exemples; l'histoire elle-même en a recueilli un grand nombre. Il n'y a pas un mois qu'un numéro du *Journal des savants* m'étant, par aventure, tombé dans les mains, j'y lus ce que je vais vous raconter.

La cabaretière déposa sa quenouille, et prit un petit chat dans ses mains en écoutant. Le chasseur versa à boire d'un air distrait.

« Milady Roussel, mariée à un colonel anglais qui l'aimait d'une grande tendresse, succomba à une syncope causée par je ne sais quel mal caché. Le colonel, ne voulant point la croire morte malgré des apparences terribles, la laissa dans son lit comme une dormeuse, la face découverte, bien au delà du temps prescrit par la coutume du pays. Vainement on lui représenta qu'il la fallait enterrer : il repoussa les officieux, et déclara qu'il briserait la tête à tous ceux qui essayeraient de lui enlever le corps de sa femme. La reine d'Angleterre, ayant appris sa douleur profonde et sa singulière obstination, envoya devers lui un homme de sa suite pour lui faire des compliments, et surtout des remontrances sur son refus d'accorder à sa femme les honneurs de la sépulture. Le colonel répondit qu'il était sensible aux condoléances de la reine, mais qu'il la priait de lui laisser le corps de sa femme. Huit jours s'étaient passés, milady Roussel ne donnait aucun signe de vie ; le colonel, désespéré, lui pressait les mains et les baignait de ses larmes, quand, au son des cloches d'une église voisine, elle se réveilla comme au sortir d'un songe, se souleva sur l'oreiller, et s'écria : *Voilà le dernier coup de la prière, il est temps de partir.* »

— Au moins, dit la cabaretière en ramassant sa quenouille, celle-là n'a pas souffert au fond d'un cercueil, comme la pauvre dame de Munich.

— Je me sens frémir à la seule idée du réveil dans un cercueil, dit le chasseur ; c'est un supplice digne des temps barbares. Renaître dans une pareille prison, sous la terre ; enveloppé dans un linceul, criant et se débattant en vain ; renaître pour mourir de la mort la plus épouvantable !...

Le chasseur se leva, comme pour repousser cette idée qui le glaçait.

— Jean Scott, reprit Adolphe, fut trouvé dans son tombeau les mains rongées et la tête brisée. N'avez-vous pas appris...

A cet instant le petit chat du cabaret, qui s'était approché en sournois, par jalousie ou par curiosité, du chien de chasse, grinça les dents et souffla vers lui sa colère. Le chien, irrité, le poursuivit jusque sous une vieille étagère, où il ne put passer que la patte et le museau. Le petit chat, qui était lâche et méchant, comme beaucoup de ses pareils, se vengea tout à son aise. Chaque fois que le pauvre chien, de plus en plus irrité, avançait la dent pour mordre, il recevait trois ou quatre coups de griffes du chat inhospitalier. Le pauvre chien aboyait, jappait, se lamentait, mais ne pouvait se résoudre à lâcher prise. A la fin son maître, lui voyant au nez quelques taches de sang, eut pitié de son infortune : il alla vers lui pour arrêter le combat. Adolphe, entendant alors sonner dix heures, pensa que sa mère devait l'attendre avec inquiétude; il dit adieu au chasseur, et sortit du cabaret. Le chasseur le suivit presque au même instant. A quelques pas du cabaret, Adolphe, ayant tourné la tête, vit qu'il prenait le chemin du grand bois de Nebelstein. Il retourna jusqu'à la porte du cabaret; la cabaretière allait fermer les contrevents; il lui demanda d'où venait et quel était ce chasseur. La cabaretière lui répondit que, depuis un an, à peu près, il venait quelquefois boire un cruchon de bière; il était presque toujours silencieux, il lui avait une seule fois parlé de Marguerite : voilà tout ce qu'elle savait.

Adolphe rentra au logis. Sa jeune sœur l'attendait au coin du feu ; il appuya son front contre la cheminée, et demeura silencieusement en contemplation devant les flammes mourantes qui ranimèrent ses douloureuses rêveries. Sa sœur lui offrit son front à baiser, lui dit bonsoir en sommeillant, et disparut dans l'escalier de sa chambre. Adolphe demeura devant le feu jusqu'au moment où la douzième heure sonna à une grande horloge accrochée entre le lit de sa mère et une armoire du temps passé. Cette sonnerie réveilla en lui des souvenirs funèbres : au lieu d'aller se coucher, il ressortit, en proie à la plus violente agitation, et, comme par entraînement, il s'enfuit vers le cimetière. Tout dormait au village ; l'église seule frissonnait encore aux douze coups de sa cloche ; la lune avançait son front d'argent sur un drapeau flottant, suspendu au coq du clocher ; quelques nuages perdus fuyaient à l'aventure. Adolphe regardait toutes ces choses d'un œil distrait et effaré. Les nuages se transformant sans cesse, le drapeau que le vent agitait par intervalles, le front pâle et mélancolique de la lune, éveillaient tous les fantômes de son imagination. Quand il fut devant le mur du cimetière, il vit avec surprise la porte entr'ouverte. A cet instant, un des nuages couvrit la lune, et vainement il regarda dans le cimetière : la nuit était partout, il ne vit que la nuit. Le nuage s'éclaircit ; une demi-teinte traversa l'ombre ; il distingua des formes confuses : le grand Christ, veillant au-dessus des morts, les débris d'une chapelle, quelques tombes éparses. Il chercha des yeux la fosse où dormait Marguerite : son cœur se glaça bientôt à la vue d'une ombre s'agitant au-dessus comme un démoniaque. Il se sentit jaloux, et son premier élan fut de courir vers cette ombre ; mais, au même instant, il la vit disparaître comme si la terre se fût ouverte sous lui. Le nuage passa, et la lune éclaira tout le cimetière. Adolphe crut sortir d'un songe, et, pour ne plus y retomber, il s'enfuit sans oser retourner la tête, effrayé du bruit de ses pas, effrayé de son ombre qui le poursuivait.

III.

Le lendemain, à son réveil, il retourna au cimetière; il alla jusqu'à la fosse de Marguerite, cherchant d'un œil avide des traces de son apparition de la nuit. Il vit une multitude de pas aux alentours; mais n'étaient-ce point ceux du convoi? Le sable de la fosse offrait des empreintes profondes; mais n'était-ce point sur la fosse que s'étaient agenouillées les compagnes de la défunte? D'ailleurs, la croix formée par la bêche du fossoyeur n'était qu'à demi effacée. Il ne douta plus des jeux de son imagination.

Quelques jours se passèrent. Peu à peu il oublia sa douleur dans la consolation de sa mère; l'image de Marguerite s'effaça souvent dans sa pensée, et bientôt son amour alla rejoindre ses autres souvenirs.

Il reprit ses livres de médecine, et poursuivit ses études trop souvent abandonnées. Il n'avait nulle autre distraction que la promenade, au bord d'une petite rivière, sur la montagne, dans les bois environnant la ferme. La vue de cette ferme, singulièrement attristée par quelques pans de mur servant de limite aux vergers, avait pour lui un charme douloureux : il demeurait de longues heures en contemplation devant le colombier dont le toit rouge s'élevait au-dessus des ormes de l'avenue; il écoutait en rêvant le caquetement des poules, le bavardage des canards, le glouglou des coqs d'Inde, toutes les prosaïques rumeurs de la ferme. Perdu dans ses rêves, il oubliait que Marguerite n'était plus là, et quand, par aventure, son œil errant découvrait quelque jeune servante au travers du feuillage ombrageant la petite république, son cœur s'éveillait avec violence, en dépit de la jupe grossière et du chapeau de paille de la jeune servante. Dans ses promenades, il emportait toujours un livre de médecine qui n'était jamais ouvert, mais qui lui donnait un air studieux aux yeux des gens qu'il rencontrait : c'était beaucoup dans un pays où la paresse n'est permise qu'aux ivrognes. Par malheur, avec ce livre, il emportait sa pipe noire, qui faisait murmurer tous les dignitaires du village.

Un soir, Adolphe, armé de son livre et de sa pipe, s'en fut au bois de l'Étang : le temps était calme, le ciel était serein, et jamais le bois n'avait répandu tant d'harmonie et tant de parfums ; le rossignol jetait aux échos sa note perlée ; le vent secouait indolemment les fleurs des tilleuls et des marronniers ; toute la nature s'endormait dans l'amour. Adolphe suivait lentement un sentier vert coupé çà et là par une eau dormante parsemée de touffes de joncs et d'oseraies : c'était la première fois qu'il suivait cette route, et il lui fallait l'agilité d'un cerf pour franchir les mares d'eau sans s'y baigner les pieds ; à chaque instant le sentier devenait plus humide ; mais loin de se rebuter, Adolphe poursuivait sa pénible promenade, entraîné par l'amour du mystère. Il voyait de temps en temps sur l'herbe l'empreinte du pied de quelque passant ; cette seule vue lui donnait du courage : il allait, il allait en songeant que le chemin de la vie était comme ce sentier, dont les abords si charmants s'étaient changés peu à peu sous les eaux croupissantes. La nuit venait, les bruits du soir s'apaisaient, et Adolphe, n'entendant plus que le frissonnement des feuilles, regrettait presque de s'être aventuré si loin ; quand, après avoir dépassé une grande touffe de noisetiers, il vit tout à coup la campagne par une échappée du bois ; il fut à la lisière en moins d'une minute. Les derniers feux du jour tombaient sur un petit village éparpillé sous ses yeux, et sur un vieux château, dont l'architecture saxonne avait perdu son beau caractère sous les embellissements frivoles des architectes de ce temps. Adolphe n'avait jamais vu ce château; il s'approcha d'un paysan qui ébranchait un pommier, et lui demanda si c'était le Niedersteinschlosz, dont on lui avait souvent parlé. Le paysan inclina la tête, et se mit à ramasser les branches qu'il venait de couper. Adolphe se retourna vers le château, en proie à des souvenirs confus; dans tous les pays il y a un lieu destiné à servir de scène aux contes de fées ou de revenants. Mille fables, plus merveilleuses les unes que les autres, avaient pris leur source au Niedersteinschlosz, et c'étaient ces fables qui avaient enflammé l'imagination d'Adolphe dans son enfance. Involontairement il s'approcha du parc qui se perdait dans le bois; il découvrit un petit pavillon à demi caché dans la verdure : c'était l'œuvre de quelque artiste ignoré du dernier siècle ; jamais Adolphe n'avait rien vu d'aussi coquet et d'aussi capricieux ; la nature avait achevé l'œuvre en se faisant plus mignarde à l'entour, et en lui formant une ceinture variée de jasmins, de chèvrefeuilles et de clématites ; la brise la plus légère en détachait une pluie d'étoiles et de clochettes qui blanchissaient le parterre pendant la saison fleurie.

Adolphe grimpa sur un arbre à demi renversé contre la muraille du parc, pour mieux voir le pavillon : à peine arrivait-il à la dernière branche, qu'une tête aimée, la tête de Marguerite, lui apparut à l'une des fenêtres ; dans son émoi, il s'attacha à la branche pour ne pas tomber ; il se crut la proie d'un rêve. Cependant il ne cessait de voir la tête adorée, qui, mollement penchée en dehors du pavillon, semblait regarder le couchant rougi ; dans son égarement, il ne put arrêter un cri de surprise. Celle qui était à la fenêtre du pavillon se troubla, disparut soudainement, et ferma la croisée. Adolphe demeura perché sur la branche, abîmé sous les idées les plus étranges. Était-ce une vision ? mais cette croisée qui venait de se refermer ; était-ce un rêve ? mais ce paysan qui ramassait encore son bois ; était-ce Marguerite ? mais la maladie, la mort, le cimetière ! Adolphe cherchait dans un dédale.

Il retourna vers le bûcheron. — Quelles gens habitent ce château ? lui demanda-t-il d'une voix troublée.

Le paysan le regarda en silence.

— Vous êtes donc sourd ? reprit-il avec impatience.

— J'ai deux bonnes oreilles, murmura le bûcheron.

— Si vous m'entendez, répondez-moi donc !

— Je ne sais rien.

A cet instant, un enfant en jaquette, à

peine âgé de six ans, arriva dans le champ des pommiers.— D'où viens-tu, marmot? lui cria le paysan, qui était son père.

— Je viens du château.

Et l'enfant fit siffler une pierre vers l'avenue.

— Maman vous attend pour souper, reprit-il en bondissant sur l'herbe.

Le paysan se prit à fredonner une vieille chanson, et s'en alla aussitôt en regardant Adolphe du coin de l'œil. Puis, atteignant l'enfant, il le jeta sur ses épaules. Adolphe avait eu la tentation de saisir une des branches qui couvraient le champ, et de la briser sur le dos du paysan, mais la mine sauvage et moqueuse de cet homme avait distrait son bras. Il le perdit bientôt de vue; durant quelques minutes encore, il entendit sa chanson, qui coupait le morne silence de la vallée.

Il demeura plus d'une heure sous les pommiers, regardant sans cesse le pavillon, écoutant de toutes ses oreilles; mais nul bruit ne se fit entendre, nulle lumière n'apparut en ce lieu désert du parc. Il s'en revint, ne rêvant que chimères et fantômes, caressant avec plus d'amour que jamais l'image de Marguerite, qui se ranimait en lui. La nuit était profonde, il s'égara souvent; il traversa un pré marécageux où il s'était imprudemment aventuré; enfin, il arriva, las et piteux comme un homme qui a failli se noyer. En passant devant le cabaret, il s'arrêta à la vue de plusieurs ombres qui se dessinaient sur le rideau rouge de la salle; il pensa qu'il lui valait mieux se sécher là que chez sa mère, qui devait être couchée. Sa marche rapide et fatigante l'avait d'ailleurs fort altéré, et la cabaretière était renommée pour un vin clairet et pétillant dont le souvenir seul le rafraîchissait déjà. Il entra donc au cabaret.

Il n'avait pas refermé la porte qu'un chien vint lui sauter sur les bras en aboyant avec joie; et comme il le repoussait d'une main caressante, il vit le jeune chasseur décrochant sa gibecière d'une des noires solives du plancher : il alla à lui la main tendue et le cœur ouvert ; le jeune chasseur lui pressa la main, et déposa sa gibecière en se rasseyant. — Ah ! je vous retrouve donc enfin ! dit-il d'une voix animée. Madame la cabaretière, un peu de complaisance : tout au fond de la cave. — Dans quel pitoyable état vous êtes, mon jeune ami !

— J'ai traversé les bois et les marais ; je me suis baigné comme une grenouille ; j'espérais voir ici un feu d'auberge, mais voilà tout au plus un feu d'étudiant ou de couturière.

Le jeune chasseur se leva en souriant, sortit par la porte de la cour, et rentra au même instant avec un grand fagot de branches dans les bras ; sans prendre la peine de le dénouer, il le déposa dans l'âtre, et répandit une douzaine d'allumettes sur les restes du feu. Avant le retour de la cabaretière, une flamme ardente s'élançait jusqu'au manteau de la cheminée. Tout en séchant ses pieds, Adolphe, presque sourd aux paroles bienveillantes du chasseur, aux reproches de la cabaretière, qui craignait un incendie, ne songeait qu'à l'étrange vision du parc; et souvent, dans ses souvenirs, il revoyait cette ombre étrange penchée sur la fosse de mademoiselle Desforges le soir de l'enterrement; et puis il pensait aux alentours mystérieux du Niedersteinschlosz, à la mine singulière du paysan qui ébranchait les pommiers; et ses songes et ses pensées l'entraînaient plus avant dans le dédale.

Le chasseur, las de lui parler en vain, le rappela à la raison en lui frappant sur l'épaule. — Dormez-vous, mon jeune ami, ou plutôt êtes-vous mort? Par Dieu! vous êtes lugubre comme un revenant. — A quoi rêvez-vous donc?

— Je rêve, dit lentement Adolphe, à un revenant que j'ai vu ce soir.

La cabaretière sourit d'un air moqueur, mais l'étudiant avait dit ces mots d'une voix si funèbre qu'elle se rapprocha du feu en frissonnant. Le chasseur prit les pattes de son chien, et se mit à valser avec insouciance. — Un revenant! s'écria-t-il en valsant toujours. Vous a-t-il parlé de l'autre monde?

Adolphe ne répondit point, et retomba dans ses rêves.

— Dites-nous au moins, reprit le chasseur, si c'était un beau revenant.

— Oui, répondit nonchalamment Adolphe : c'était l'image de mademoiselle Marguerite.

La cabaretière poussa un cri, et le chasseur, qui ne valsait plus, regarda l'étudiant avec inquiétude. — Et c'est au cimetière que vous l'avez eue, cette vision? lui dit-il en pâlissant.

— Non, c'est au vieux Niedersteinschlosz, à la fenêtre d'un pavillon perdu dans le parc.

Le chasseur éclata de rire. — L'aventure est charmante, dit-il en retroussant ses moustaches. Vous avez un prisme dans les regards, mon jeune ami, car vous avez vu tout simplement une filleule de ma mère, une pauvre orpheline qu'elle a recueillie.

Adolphe regarda le chasseur d'un air de doute.

— Si vous l'avez vue dans le pavillon qui me sert de logis depuis les beaux jours, c'est qu'elle attachait des rideaux à la fenêtre.

Adolphe semblait entendre une langue étrangère.

— Je me suis toujours doutée, dit la cabaretière avec empressement, que vous étiez le fils de M. le baron de Niederstein ; je connais votre mère, je l'ai servie autrefois, et je sais votre nom de baptême. Édouard, n'est-ce pas ?

—Édouard de Niederstein, reprit le chasseur. Et s'adressant à Adolphe : — Quand vous retournerez au château, ne m'oubliez pas ; je vous ferai voir en chair et en os votre revenant de ce soir.

Adolphe inclina silencieusement la tête.

— En voyant cette fille, qui ressemble si prodigieusement à mademoiselle Marguerite, reprit le chasseur, je ne puis m'empêcher de penser à la métempsycose ; dans mes songes insensés je me demande si, trompée par la ressemblance, l'âme de la pauvre Marguerite ne s'est point envolée au corps de cette fille ; — mais les chemins sont mauvais...

Le chasseur s'approcha de la fenêtre et détourna le rideau : — Le ciel est noir, la lune va se coucher, — adieu ; — un bois à traverser, — adieu, adieu !

Il tendit sa main à Adolphe et siffla son chien : — Low ! en avant ! Il endossa sa gibecière, paya son écot, et partit en laissant Adolphe à ses songes.

— Pardieu ! dit tout à coup ce dernier, c'est trop rêver ! Il passa la main sur son front comme pour en chasser les idées, et se mit à lutiner la cabaretière pour mieux oublier sa charmante vision.

Le surlendemain il reprit sa promenade vers le bois de l'étang. On touchait à l'automne ; les derniers feux du soleil rougissaient le fruit des sorbiers et brunissaient les mûres sauvages. Adolphe entendait çà et là le cri du coucou, la clochette des troupeaux dispersés au bord du bois, la voix claire et gaie des chercheurs de noisettes. Il avança lentement, à demi perdu dans la rêverie, cueillant des cornouilles, égrenant le sorbier, effeuillant les branches tombantes. Et tout en avançant ainsi, il arriva, sans y penser le moins du monde, devant la muraille ébréchée du parc de Niedersteinschlosz. Dès qu'il entrevit, à travers le feuillage flottant, la flèche du pavillon, son cœur s'agita violemment au souvenir de Marguerite. D'abord il voulut aller au château voir le chasseur, son ami ; mais bientôt, tout en réfléchissant, il franchit sans trop de peine le vieux mur du parc, et marcha en silence vers le pavillon, par les bosquets touffus, se détournant à chaque pas pour aller dans l'ombre. Il s'arrêta sous une charmille, tout en face d'une fenêtre, et regarda avec anxiété durant quelques minutes : le pavillon lui sembla désert ; cependant, comme il allait sortir de là, il vit ou s'imagina voir passer une ombre sur les vitres. La nuit s'élevait, déjà la brume voilait les dernières lueurs du couchant, le bois devenait plus sombre. Adolphe demeurait sous la charmille, ne sachant que faire et ne sachant que penser. Tout à coup l'image de Marguerite reparut à la fenêtre, demi-rêveuse et demi-souriante, comme l'amante qui poursuit un souvenir d'amour. Elle leva les yeux au ciel, et chercha les premières étoiles. Et bientôt ses regards se perdirent dans le sombre horizon du bois de l'étang, vers Hartz : alors une triste pensée chassa son demi-sourire; elle baissa la tête et soupira. A cette vision, Adolphe agita toute la charmille avec ses bras; il ne doutait plus que ce ne fût Marguerite; il ouvrit la bouche pour l'appeler, mais il étouffa sa voix dans la crainte de chasser la ressuscitée de la fenêtre. Les jappements d'un chien coupèrent le silence, ou plutôt les rumeurs allanguies du soir. La vision disparut pendant qu'Adol-

phe tourna la tête vers le donjon. Il sortit de la charmille, et s'en alla à la porte du pavillon. La porte était ouverte, il s'élança dans l'escalier, pâle, chancelant, éperdu.
— Marguerite, murmura-t-il d'une voix mourante. Il étendit les bras dans l'ombre, Marguerite n'y vint pas. Il regarda partout, il écouta sans cesse : il ne vit rien, il n'entendit rien. En vain il passa une demi-heure à chercher la trépassée ; il s'égara de plus en plus dans les profondeurs de ce mystère funèbre. Enfin il redescendit dans le parc, franchit quelques palissades, et s'aventura du côté du château. Une grande salle du rez-de-chaussée était éclairée par une petite lampe de cuivre et par les flammes ardentes de l'âtre. Deux femmes se trouvaient aux deux coins de la cheminée, la maîtresse du logis et la gouvernante. La maîtresse du logis lisait avec distraction, tout en tisonnant le feu ; la gouvernante, besicles sur le nez, nouait du lin à son fuseau, et sautillait du pied sur un rouet vénérable comme elle.

Avec son bonnet rond, son chignon formidable, sa brassière rouge, elle avait l'air de quelque fée Carabosse oubliée là depuis la chute des fées. Adolphe, s'élevant sur la pointe des pieds, admirait toutes les singularités de cette vieille, quand son ami le chasseur parut dans le fond de la salle avec trois ou quatre chiens bondissant autour de lui. Madame de Niederstein appela une jeune servante pour servir le souper, et embrassa tendrement son fils, tout en se plaignant du laisser-aller des chiens. Le chasseur fit la sourde oreille à ces plaintes ; il se coucha sur une vieille tapisserie, au beau milieu de la salle, et joua indolemment avec ses bêtes affolées. La jeune servante vint servir un lièvre rôti, une perdrix aux choux, une bouteille ensablée, et des raisins jaunissants. A la vue de toutes ces choses, Adolphe, qui avait faim, malgré le trouble de son cœur, se détacha de la fenêtre en pensant que le château de Niederstein n'était point un gîte à revenants. Il repassa devant le pavillon : la porte était toujours ouverte. Il s'arrêta sur le seuil ; mais bientôt les gémissements de la bise le chassèrent de là tout frissonnant de peur : l'esprit est faible quand le cœur est en scène. Il sortit du parc, et retourna à Hartz au milieu d'un troupe de fantômes, qui se métamorphosaient en pierres, en buissons, en nuages, dès qu'il les voulait saisir.

## IV.

Les jours suivants il fit la même promenade, mais il passa en vain des heures d'angoisses à regarder la fenêtre du pavillon. La fenêtre déserte lui semblait triste comme un vieux cadre sans portrait. Son imagination, naguère si gaie et si fleurie, n'était plus qu'un sombre dédale, où sans cesse il se perdait au milieu des images lugubres.

Il n'allait plus folâtrer avec l'agaçante cabaretière, il n'allait plus trinquer avec les buveurs ; à peine s'il supportait les caresses de sa mère et le babil sémillant de ses petites sœurs : il vivait seul, toujours seul, si ce n'est avec les morts. La nuit il était poursuivi de rêves sinistres : une nuit, entre autres, il rêva qu'il passait devant le cimetière, et que, suivant sa coutume, il jetait un regard sur la fosse de Marguerite. Il vit le fossoyeur qui allait se mettre à l'œuvre : il alla à lui et le regarda faire en lui parlant politique. Au bout d'une heure et demie, le lit du dernier mort était assez profond et assez bien fait. — A merveille ! dit-il. Il alla prendre au jardin de sa mère une bêche et un hoyau ; il revint dans le cimetière, et creusa la fosse de Marguerite avec une ardeur sauvage. La nuit était sombre ; çà et là cependant la lune montrait sa corne enflammée au travers des nuages rapides. Il ne fut pas une heure sans toucher le cercueil, mais le couvercle résista longtemps à ses coups. Il était tout défaillant, et quand enfin le cercueil s'ouvrit, il crut qu'il allait y tomber pour l'éternité. Avant de regarder les restes de sa chère défunte, il leva les yeux au ciel comme pour demander à Dieu le pardon de cette profanation. S'étant penché au-dessus du cercueil, il jeta un regard ardent et effaré : il ne vit que l'ombre ; il aventura sa main tremblante, il ne saisit que l'ombre. A cet instant suprême, la lune vint comme un rayon du ciel jusqu'au fond de la tombe : tout ébloui, il s'imagina voir l'âme de Marguerite ; mais en même temps il s'aperçut que le cercueil était vide.

Après ces rêves horribles, il tombait en s'éveillant dans des rêveries tout aussi funèbres ; il était poursuivi impitoyablement par la mort et son attirail.

Il voulut enfin tout savoir. Il partit un matin pour le Niedersteinschlosz, résolu de tout braver pour voir Marguerite ou celle qui avait son image. Ses doutes agitants ne pouvaient durer un jour de plus sans abattre son âme. Depuis le soir des funérailles, il avait pâli; il était ravagé au point qu'on disait à Hartz : — Quel est donc le diable qui le possède, ce n'est plus que son ombre qui passe. Ce matin-là, tout en traversant le bois de l'étang, il se remit, dans la solitude et le silence, à balancer dans son esprit tous ses doutes cruels. — Est-elle morte? mais n'est-ce pas elle-même qui deux fois lui est apparue dans le parc du château? — Vit-on jamais deux figures pareilles animées du même sourire et du même regard? Pourquoi cette rencontre avec le chasseur le jour de l'enterrement? — Mais comment l'eût-il enlevée? — Était-elle morte ou vivante? Ce vieux médecin, cette bière, ce *De profundis*, cette fosse lugubre, tout cela n'était-il que la mise en scène de quelque mystérieuse comédie? — A quoi bon cette comédie? On ne fait pas tant de façons aujourd'hui pour suivre son amant; il n'y a plus d'enlèvements parce qu'on ne fait plus l'amour à cheval comme au beau temps de la chevalerie. Cependant cette jolie fille était étrange en tout; pour elle la vie devait se passer étrangement. Adolphe en était là de ses rêveries nuageuses, quand il entendit sonner la cloche du hameau de Waldstein; la sonnerie était lente et triste comme pour un enterrement. Il retourna avec plus d'ardeur à ses souvenirs des funérailles de Marguerite. — Oui, oui, dit-il tout d'un coup, il y a là un mystère que je finirai par dévoiler.

Il arrivait au bout du bois : il était à peine dix heures ; le soleil, jusque-là caché par le brouillard d'automne, répandait depuis un instant une pure lumière dans la solitaire vallée ; le vent d'est, s'élevant par bouffées capricieuses, dispersait les derniers lambeaux du brouillard. C'était une de ces mélancoliques et douces matinées d'octobre, qui versent plus de charme peut-être dans l'âme des voyageurs que les fêtes brillantes du printemps ; la nature avait un dernier sourire qui attristait, mais qui rappelait des jours meilleurs. Le souvenir du bonhenr passé ne vaut-il pas mieux que le bonheur lui-même?

Mais je reviens à mon héros. Comme il allait atteindre l'avenue du château, il entendit tout d'un coup chanter un psaume dans la cour du château; au même instant il vit, par la grande porte ouverte à deux battants, un curé qui jetait de l'eau bénite à l'assistance, c'est-à-dire aux desservants de son église, aux enfants de chœur, à quelques serviteurs du château. Le convoi se mit en marche : alors Adolphe découvrit un cercueil. — C'est sans doute la mère d'Édouard de Niederstein, dit-il en se détournant un peu. Le convoi arriva bientôt dans l'avenue. En voyant la suite formée de paysans, il pensa que ce devait être quelque serviteur du château : il se rapprocha de l'avenue et distingua une couronne sur le cercueil. — Mon Dieu! si c'était...

On lui frappa sur l'épaule ; il se retourna et vit Édouard en costume de chasse, qui suivait le convoi à distance.

— Qui est-ce donc qui est mort au château ?

— A propos, c'est la jeune fille qui nous rappelait Marguerite. Elle est morte hier de je ne sais quelle fièvre.

En disant ces mots, le chasseur avait pâli.

— Morte! dit Adolphe, avec un accent de désespoir. Je ne saurai donc rien! Il saisit la main du chasseur.

— De grâce, dites-moi toute la vérité : quelle est celle qu'on enterre aujourd'hui ?

— Vous êtes fou, dit le chasseur plus pâle encore. Adieu, on m'attend sur la montagne pour chasser, revenez une autre fois.

Il s'éloigna sans dire un mot de plus ; seulement au bout de l'avenue il murmura entre ses dents : *Il ne faut pas jouer avec la mort.*

Adolphe le suivit des yeux : le chasseur

ne s'écarta guère du convoi; il penchait tristement la tête, il semblait accorder un regret à celle qui s'en allait pour jamais. Adolphe fut un peu distrait par une jeune servante qui l'effleura au passage; comme elle s'éloignait, il l'appela et la pria de lui dire ce que c'était que la filleule de madame de Niederstein, qu'on allait enterrer.

— Je n'en sais rien, dit la servante; il y a six mois qu'elle nous est venue de Paris ou d'ailleurs; elle vivait en sauvage au point que je ne l'ai presque jamais vue.

Là-dessus la servante partit pour rejoindre le convoi.

— Plus je vais, plus le mystère est sombre, dit Adolphe.

Le lendemain, sur le soir, il revint encore au Niedersteinschlosz. — Cette fois, disait-il avec colère, je tuerai le chasseur s'il ne me dit pas la vérité. — Il entra au château en homme résolu. Il traversa un vestibule et un salon sans rencontrer personne; enfin, dans une grande chambre à coucher, il vit deux vieilles femmes qui pleuraient. Il apprit bientôt de ces femmes qu'Édouard s'était tué la veille à la chasse. — Par accident, s'empressa de dire sa mère.

## V.

Adolphe ne put jamais dévoiler cet étrange mystère. Six mois durant, son cœur demeura dans la nuit de la tombe, son âme s'attacha au fantôme de Marguerite. Deux ans après, son maître en médecine l'appela à Munich, voulant faire sa fortune. Adolphe, après bien des luttes douloureuses, finit par quitter Hartz avec sa mère et sa plus jeune sœur;

l'autre était mariée depuis peu dans le voisinage. Une fois à Munich, les distractions bruyantes, l'envie de faire fortune dans le monde et la science, le détachèrent peu à peu de son lugubre amour. Il se maria à une jeune fille assez jolie et assez raisonnable, qui le mit tout à fait sur un chemin prosaïque. A .part quelques vagues échos, quelques souvenirs attiédis, il avait presque oublié Marguerite, quand un songe, digne de couronner cette singulière histoire, vint le frapper et le ramener à son fantôme.

Au milieu d'une nuit d'hiver, il entend tout d'un coup le bruit de pas funèbres de la mort ou du spectre; il regarde dans l'ombre, il voit apparaître une pâle figure traînant un linceul. — Marguerite ! s'écria-t-il. — Oui, dit le spectre, je suis Marguerite, traînant partout les remords qui me possèdent; tu m'as aimée, je viens près de toi reposer mon cœur, qui souffre même dans la mort. — De grâce, Marguerite, reprit Adolphe en prenant les mains glacées du fantôme, de grâce, dites-moi le secret qui tourmente ma vie : vous avez aimé Édouard de Niederstein ?

— Oui, j'ai aimé Édouard de Niederstein. Mon père était ruiné ; pour réparer sa fortune, il voulait me marier à un vieux cousin de la Flandre; il était parti pour cela. J'aimais Édouard, qui venait depuis trois mois presque tous les jours chasser autour de la ferme : hélas ! le savez-vous, Édouard était marié ; il ne pouvait m'épouser; d'ailleurs son rang dans le monde l'en eût empêché : malgré tout je l'aimais. Dès que je fus seule, il voulut m'enlever ; mais par là c'était jeter le déshonneur sur un pauvre homme qui n'avait plus que l'honneur pour lui. Misérable enfant que j'étais ! j'ai joué la comédie de la mort, et la mort...

Adolphe s'éveilla à un cri de sa femme, tout effrayée des agitations du rêve.

## LA MEUNIÈRE DU MOULIN A EAU.

I.

Sur la lisière orientale de la Champagne, les chasseurs et les paysagistes ont quelquefois traversé la petite vallée de Ravenay, célèbre dans le voisinage par ses noisetiers et ses moulins à eau. C'est une nature un peu coquette, qui rappelle trop les paysages d'opéras comiques. Là, le versant de la colline n'est pas déchiré par des roches ou par des bancs de sable ; au sommet, une vieille tour ou un vieux château ne tombe pas en ruines ; rien de sauvage, rien de désert : la piété d'un anachorète ou la douleur d'une amante délaissée y seraient mal placées ; car comment prier et se plaindre sans cesse au milieu d'une nature féconde, qui vous convie aux soins de la terre par le spectacle de la fleur et du fruit, des bouquets, des moissons et des vendanges ? Cette vallée de Ravenay est si bien bénie du ciel, qu'on y chercherait en vain un arpent de terre stérile ; il n'est pas jusqu'aux chemins qui ne produisent l'herbe la plus touffue et la plus odorante. Ainsi la douleur y serait toute dépaysée. Où aller pour pleurer quand tous les chemins sont verts, quand tous les buissons vous jettent au passage des chansons et des parfums ? On aura beau faire pour rencontrer une image de mort : la vie est partout, même dans le cimetière, qui est encadré d'une haie fleurie, et où il y a plus de pommiers que d'épitaphes. Mais, qu'ai-je dit! la douleur est de tous les pays; car la douleur entraîne avec elle ce monde de l'âme qui nous cache l'autre, et qui est plus souvent le désert que l'oasis, l'hiver que le printemps.

Dans cette vallée de Ravenay, j'ai assisté de loin en loin au spectacle d'un amour qui m'a touché. Je veux le retracer ici tel que je l'ai vu dans la poésie de la jeunesse et de la campagne. Ne vous attendez pas à quelque scène dramatique ou passionnée. Je n'ai guère que l'attrait de la vérité pour faire passer ce récit.

En 1839, vers la fin du mois de mai, je passais par la vallée de Ravenay, qui déployait un luxe inouï; les cerisiers, les pommiers et les aubépines secouaient sur les marges vertes du chemin une neige odorante qui cachait les marguerites. J'allais lentement dans le riant cortége de la jeunesse et de la poésie, quand tout à coup l'amour se mit de la partie, en offrant à mes regards ravis une douce image que je vois encore dans mon cœur. J'écoutais depuis quelques minutes une voie agréable qui chantait cette vieille chanson de Quinault et de Lulli :

C'est l'amour qui retient dans ses chaines
Mille oiseaux qu'en ces bois nuit et jour l'on entend.
Si l'amour ne causait que des peines,
Les oiseaux amoureux ne chanteraient pas tant.

J'écoutais avec charme, non pas pour la voix ni pour la chanson (il y en a de plus mauvaises), mais à cause du théâtre. Tout d'un coup, au-dessous du chemin, j'entrevis une belle fille de dix-sept ans à peine, et un âne assez indolent, qu'elle chassait devant elle avec un rameau de noisetier. A ma vue elle se tut et rougit. Je m'arrêtai contre le tronc d'un pommier pour mieux la voir passer. C'est ici le lieu de vous faire son portrait, un simple portrait au pastel. Elle avait alors une petite figure toute enjouée et toute printanière, pleine de sourires et de roses : quel éclat et quelle fraîcheur ! quelle innocence et quelle gaieté ! des dents blanches comme du lait, des cheveux blonds, dont quelques touffes rebelles s'échappaient du peigne et du petit bonnet; pas la moindre parure, ni collier, ni pendants d'oreilles; pas même une rose, ni un bouquet de violettes à son corsage! et quel joli corsage, pourtant! Mais n'allons pas si loin.

Sans trop m'en douter je suivis l'âne et la belle fille dans le sentier du moulin, dont le monotone *tann tann tann tann* retentissait dans toute la petite vallée. La jeune meunière tourna autour de l'étang, jeta le blé près d'une porte, et chassa l'âne vers l'écurie, après quoi elle vint près de moi, détourna les grandes herbes amassées devant la roue. Je voulais lui parler, mais je ne savais que lui dire. Elle semblait surprise de mon silence; elle me regardait d'un air tout apprivoisé; enfin elle s'éloigna avec une petite moue candide, en songeant sans doute que je n'avais pas grand esprit. Elle s'arrêta à la porte d'un petit jardin où il y avait plus de salades et de betteraves que de roses ou de jacinthes. Cette fois j'allai à elle, la parole sur les lèvres. Je lui demandai quelques violettes de son jardin, sans oublier de vanter les roses de ses joues.

Elle me sourit en rougissant, et s'agenouilla pour cueillir des violettes. En vérité, je me serais bien agenouillé moi-même pour cueillir avec mes lèvres la rose en question. A peine m'eut-elle offert les violettes, que sa mère l'appela d'une voix impatiente.

— Adieu, lui dis-je, en respirant le bouquet.

Elle s'envola comme un oiseau. Je la suivis d'un regard presque amoureux. Elle descendit quatre à quatre l'escalier de l'étang; elle arriva tout essouflée, au seuil de la maison. Au même instant je vis apparaître à la porte un beau dragon, qui se pencha pour l'embrasser, tout en relevant ses moustaches. Tout dragon qu'il était, il avait des façons tendres et galantes.

— Mon cousin, dit-elle avec un air de surprise, est-ce que vous n'êtes plus soldat?

— Toujours, dit-il; tu ne vois donc pas mes insignes de brigadier? toujours, pour servir mon pays et ma... cousine.

Ils entrèrent dans la maison. Je n'avais plus rien à voir ni rien à entendre; je m'éloignai, tout en songeant que le cœur de la jolie meunière allait sans doute prendre aussi du service, et, tout en respirant son bouquet :
— Ce parfum-là, dis-je, c'est sa candeur qui s'envole.

II.

Sur la fin de juillet, comme j'étais retourné dans ce pays, je n'oubliai pas la jolie meunière. Je pris un certain détour pour passer au moulin. L'étang était presque à sec, le moulin ne tournait pas; mais, sur les bords de l'étang, les gens de la maison fanaient du foin. Je me mis à l'ombre dans une touffe d'oseraie, en spectateur invisible Je reconnus bientôt Henriette, et non loin d'elle son cousin le dragon, qui avait mis de côté l'uniforme et les insignes de brigadier. Henriette était rêveuse; elle retournait ses fourchées d'herbe avec une nonchalance amoureuse qui faisait sourire son cousin, mais qui faisait damner sa mère. — Alerte! disait la vieille meunière, allons bon train! Mais l'amour seul allait bon train : ce n'étaient qu'œillades passionnées, jolis propos saisis au vol, espérance, souvenir, que sais-je? cela ne me regardait pas. Je m'étais assis sur le bord de l'étang, dans la sérénité d'un pêcheur à la ligne; je regardais les amants à la dérobée, tout charmé de ce spectacle agreste qui ne me coûtait rien. Enfin, tant bien que mal, les faneurs retournèrent jusqu'au dernier brin d'herbe.

— Pour notre peine, ma tante, dit le dragon en se voyant au bout du pré, nous allons goûter dans l'île; n'est-ce pas, Henriette?

— Oui, oui, dit Henriette étourdiment.

— C'est bel et bon, dit la meunière, mais nous n'avons guère le temps : il faut traire, battre le beurre, cueillir des fèves et faire le levain. On ne va dans l'île que les dimanches.

— Ma tante, reprit le dragon, j'irai cueillir des fèves, je ferai le levain, mais, pour l'amour de Dieu, accordez-nous un petit quart d'heure, le temps de manger en bon chrétien notre fromage à la pie ; voyez, la barque est là qui nous attend.

— Le dragon chanta entre ses dents :

>L'amour est le plus sage
>De tous les matelots ;
>Avec lui le passage
>Est si doux sur les flots !

La tante, plutôt que la mère, avait souri, un sourire légèrement attristé, un sourire qui me toucha au cœur.

— Que voulez-vous, dit-elle à la servante, il faut bien gâter un peu ses enfants.

Le dragon et sa cousine étaient près de

l'étang; Henriette descendit d'un pied léger en mordant à belles dents à un morceau de pain de méteil. Le dragon démarra d'un coup de pied; il fit deux rames des sabots de sa cousine, et mena la nacelle à bon port.

C'était une petite île presque découverte, où je voyais des touffes de roseaux, d'ajoncs et de luzerne en graine, sous quelques saules-marsault de mauvaise venue. Ce n'était rien moins qu'une oasis, mais c'était une île, et Dieu sait ce que vaut une île pour des amants. La nacelle aborda sur un lit de roseaux. — Déjà! murmura Henriette.

Le dragon retroussa ses moustaches: comme il savait un peu de mythologie, il ne manqua pas de dire à sa cousine que pour faire le voyage à l'île de Cythère il ne fallait pas plus de temps.

— Ce n'est pas la peine, reprit Henriette; mais prenez donc le panier au fromage. Est-ce que vous n'avez pas faim?

Le dragon voulut répondre par un baiser à l'abri du saule.

— Écoutez, mon cousin, vous n'êtes pas raisonnable, voilà quatre jours que vous ne me parlez plus de mariage.

— Enfant! le baiser que je vais te donner est le meilleur des contrats de mariage.

— Voyons, asseyons-nous là, paisiblement, monsieur. Vous ne savez pas, j'ai rêvé qu'on faisait la guerre, vous étiez parti, j'étais toute seule au moulin. Ah! comme j'ai pleuré!

— Vous êtes une folle; est-ce qu'on fait la guerre aujourd'hui, si ce n'est à vos attraits?

— Vous prenez tout en riant, mon cousin.

— Oui, je prends tout en riant (et il eut l'air de poursuivre en lui-même : le temps comme il vient, les femmes comme elles sont). Dormez en paix; dans trois semaines je ne dirai plus ma petite cousine : je dirai ma petite femme, s'il vous plaît. Nous serons heureux comme dans les contes de fées.

— Et si vous faisiez là un conte de fée ?

— Moi! jamais! tu sais bien que je t'aime par-dessus tout ; tu es si jolie et si fraîche !

Henriette rougit en silence.

C'était un charmant tableau, digne de Greuze, par la grâce et le sentiment, que la vue de ce beau soldat et de cette jolie meunière goûtant assis sur l'herbe, un beau soir de juillet, dans une île de vingt pieds de long, sous un doux rayon de soleil couchant, mais surtout sous un doux rayon d'amour ! — O Seigneur Dieu ! dis-je en m'éloignant, faites que nous n'ayions pas la guerre !

## III.

Vers la fin de janvier, en revenant à Paris, je repassai encore par la vallée de Ravenay. Dès que j'entrevis la cheminée du moulin au travers des arbres dépouillés, je descendis d'un cabriolet qui me conduisait à la diligence; je pris un petit sentier fuyant par la prairie, j'allai tout droit à l'étang. Grâce au dernier dégel et aux grandes pluies de l'avant-veille, l'étang débordait partout, le moulin était *noyé,* comme on dit, il ne pouvait tourner. Le ciel était triste à mourir, il neigeait un peu, par intervalles le vent gémissait dans les saules. Je fus tout d'un coup saisi d'une mélancolie amère ; je secouai mon manteau comme pour rejeter les flocons de neige et le frisson de la mort. En vain je cherchai le petit jardin où Henriette m'avait cueilli des violettes, l'île des saules où quelques mois après elle était si souriante et si rêveuse avec son amant : je ne vis plus que les branches nues des saules. Près de la vanne, je découvris bientôt les débris de la jolie nacelle où j'avais vu ramer le dragon avec les sabots de sa belle cousine.

— Quoi ! me disais-je, l'hiver est-il donc si terrible ici ? l'hiver a passé partout, il n'a fait grâce à rien ; plus un seul souvenir souriant de ces fraîches amours !

Et comme alors je levais les yeux au ciel, je vis la fumée qui fuyait en blonds nuages de la cheminée rouge du moulin. Je ne pus m'empêcher de passer devant la porte.

— Je les verrai peut-être, le cousin et la cousine, se chauffant au coin d'un bon feu, le cousin racontant de gaillardes histoires du régiment, la cousine l'écoutant tout en épluchant sa soupe, ou tout en filant son lin. C'est un dernier tableau qu'il faut que je voie. Je prends trop de joie au bonheur de ces deux amants pour n'en pas être témoin, ne fût-ce que par la fenêtre.

Je descendis; la porte était fermée, je l'ouvris à tout hasard en demandant mon chemin. Je vis au coin du feu la bonne vieille meunière qui pleurait toute seule. Je m'approchai d'elle avec sollicitude.

— Qu'avez-vous, ma pauvre femme?

— Hélas! monsieur, me dit-elle, vous ne pouvez pas comprendre mon malheur : on a enterré avant-hier ma pauvre fille, et encore on l'a enterrée comme un chien dans un coin du cimetière! La malheureuse enfant s'était noyée!

— Noyée! dis-je tout saisi d'effroi et de douleur.

— Oui, monsieur, un vertige, un égarement, un désespoir... Elle n'a voulu me rien dire. J'ai trouvé sur elle une lettre de son cousin. Tenez, monsieur, si j'osais, je vous prierais de me relire cette triste lettre, qui a été son vrai coup de mort.

La pauvre mère prit dans son sein un lambeau chiffonné, où je lus à grand'peine cette épître.

Strasbourg, ce 12 janvier.

«Ma belle petite cousine,

«Je n'ai rien de plus pressé que de t'écrire à mon retour au régiment, où mes camarades m'ont reçu à bras ouverts et à bouteilles pleines, depuis trois jours. On parle beaucoup des bruits de guerre. En avant les braves! Nous allons bien nous amuser; les belles filles de Munich ne sont pas faites pour les Prussiens. On pourrait bien faire de moi un maréchal des logis. Le pays avant tout. Je t'adore, ma petite cousine ; mais, vois-tu, ton moulin est une boutique fort monotone qui ne me va guère. Comme nos adieux ont été déchirants ! que de larmes ! Si je ne m'étais mis à fumer, je pleurerais encore. Mais l'amour passe avec le temps. Prends ton mal en patience ; un de ces soirs, quand nous aurons dit notre façon de penser à ces cosaques d'Anglais, j'irai t'épouser là-bas tambour battant, le cœur sur la main,

« Avec lequel je suis ton cousin

« FERDINAND. »

« *P. S.* En attendant, tu devrais bien m'avancer quelque chose sur ta dot, une douzaine d'écus plus ou moins. Ne cherche pas ta bourse que tu cachais dans le mur du moulin, je l'ai emportée comme un touchant souvenir de toi, avec lequel je bois à la tienne. »

— Vous comprenez, n'est-ce pas? me dit la mère en sanglotant; vous comprenez pourquoi ma pauvre fille s'est jetée à l'eau?

Je quittai le pays en songeant à cette destinée fatale qui joue toujours à un si triste jeu, à cette beauté perdue avant son épanouissement, à cet amour amer comme la mort, cet amour que j'avais entrevu dans le sourire du matin. — Après tout, le poëte persan a raison, me disais-je en me retournant pour la dernière fois vers le moulin : « Bienheureux ceux qui s'éveillent, après le plus doux rêve de l'amour, sur le sein glacial de la mort! »

# LE ROMAN DANS LE BOIS DE BOULOGNE.

Autrefois tout finissait en France par des chansons, aujourd'hui tout finit par des contes. J'ai bien envie, à mon tour, de vous *raconter*. Je sais une petite histoire de ce dernier printemps qui vous distraira plus agréablement que tout ce que je pourrais dire sur le théâtre du monde, où les acteurs et les spectateurs bâillent beaucoup. Mon histoire s'appelle

LE ROMAN DANS LE BOIS DE BOULOGNE.

Donc, vers la fin du dernier mois de mai, deux jolies femmes, juchées sur des ânes, suivies de leurs amants et de leurs chiens, traversaient joyeusement le bois de Boulogne. Chaque fois que les ânes trébuchaient, elles criaient comme des vertus effarouchées ; les amants n'y perdaient rien, et les chiens faisaient les plus belles cabrioles du monde.

Les deux femmes étaient charmantes. Clotilde avait les yeux bleus, Florence avait les yeux verts : c'étaient deux natures discordantes qui s'accordaient depuis longtemps. C'est toujours ainsi. Elles ne se parlaient guère, parce que les yeux bleus voyaient avec mépris les yeux verts, et les yeux verts avec dédain les yeux bleus ; et cependant les prunelles bleues versaient une sentimentalité ravissante, et les prunelles vertes lançaient des éclairs de feu. Il y avait bien six ans que Clotilde et Florence se préparaient à jouer la tragédie sur le Théâtre-Français ; en attendant, elles jouaient doucement la comédie sur la scène du monde, n'ayant d'autres voix que leurs regards. Et je vous jure qu'elles remplissaient admirablement leurs rôles. Que l'amour leur pardonne comme à Madeleine : elles ont beaucoup aimé.

L'amant des yeux bleus était un romancier mystique qui ne voyait en songe que des vierges allemandes, qui croyait à l'amour et à la vertu des femmes. Les méchants disent qu'il ne croyait pas à grand'chose. L'amant des yeux verts était un romancier maritime, qui voyait la mer dans les prunelles de sa maîtresse, qui croyait au plaisir et à l'obstacle.

Les chiens de ces dames étaient deux nobles bêtes qui ne croyaient à rien.

Les ânes étaient de la famille des ânes de Lawrence Sterne.

C'était par une belle matinée que ces deux femmes, ces deux ânes, ces deux romanciers et ces deux chiens traversaient le bois de Boulogne. La nature s'était coquettement parée de sa robe étoilée de marguerites ; les brises secouaient indolemment l'arome des lilas qui penchaient leurs belles grappes aux murailles des jardins d'Auteuil, pour donner aux passants l'envie de les cueillir. Les ânes suivirent bientôt un sentier perdu sous des panaches de verdure ; les jolies femmes, énamourées par la solitude mystérieuse du sentier, étaient toutes tremblantes de plaisir ; leurs amants les regardaient d'un œil plus ardent, et les chiens bondissaient de plus belle. Comme la troupe arrivait devant un tapis d'herbe ombragé par un bouquet d'ormes, les bergères de la rue Laffitte se laissèrent glisser dans les mains de leurs bergers, et le troupeau en émoi se mit à folâtrer sur le gazon.

Au travers d'une touffe de chênes Clotilde vit tout à coup passer un homme dont la longue chevelure lui donnait assez l'air d'un saule pleureur.

— Mon Dieu ! s'écria-t-elle, est-ce que nous sommes dans l'autre monde ?

— Avez-vous vu un fantôme, ma chère? dit le romancier mystique.

Et, voyant à son tour la tête échevelée au travers des arbres :

— C'est le solitaire du bois de Boulogne, reprit-il d'un air distrait.

— Qu'est-ce donc que ce solitaire?

— Oh! c'est une histoire lugubre.

— Une histoire lugubre! dit Florence, qui jetait des fleurs à son amant. Racontez-nous-la, pour la grâce de Dieu!

— Non pour la grâce de Dieu, mais bien pour les vôtres, madame. Veuillez attendre que je me ressouvienne. Mes idées s'envolent sur les fleurs du passé comme des papillons : laissez-moi les ressaisir.

Après un silence :

— Les folles sont revenues au logis; voici l'histoire qui se déroule. Soyez moins distraites, mes belles indolentes! N'écoutez pas le chant des bouvreuils, c'est une musique perfide; écoutez plutôt les lamentables amours du solitaire. Florence, ne jetez plus de fleurs à Eugène ; et vous, Clotilde, donnez-moi votre main.

L'assistance promit un religieux silence.

« Vous savez, mesdames, que le bois de Boulogne, où vous vous ébattez en ce moment comme des tourterelles, a pour voisin le joli village d'Auteuil. C'est là que s'éteignit votre poëte bien-aimé, M. Boileau, qui ne s'alluma jamais aux regards des amours. »

Les deux amies se récrièrent.

— Nous ne voulons pas l'histoire de M. Boileau, car nous voulons une histoire d'amour.

« Or, ce farouche solitaire, qui vient de vous apparaître avec un air si fatal, n'avait d'autre demeure que la maison de Boileau. »

Le romancier maritime secoua la tête en pensant que cette maison avait disparu depuis longtemps. Il voulut interrompre le conteur, qui lui fit signe de garder le silence.

« Si nous étions aussi grands que ces ormes, nous verrions, en face de cette maison, par les découpures du feuillage, un joli pavillon chinois qui semble oublié là par la fée Urgèle. Les fleurs s'amusent à grimper sur les murs, et le jasmin tend ses bras au chèvrefeuille pour lui former une ceinture ; un bosquet touffu ondoie et verdoie à l'entour : c'est un nid caché sur une branche. »

— A l'ordre ! à l'ordre ! poëte descriptif !

« C'était le pavillon où madame d'Albert et sa fille passaient une partie de l'année. Chaque printemps elles fuyaient Paris pour respirer à Auteuil l'air sauvage du bois. Quoique jeune encore, madame d'Albert fuyait sans regrets les plaisirs du monde : depuis longtemps elle n'avait d'autres joies que les joies maternelles. Sa fille était une faible enfant qu'elle n'avait sauvée que par sa sollicitude : Emmeline n'était apparue dans la vie que pour y voir la mort. En vain elle détournait les yeux, elle essayait de lutter : la mort la fascinait et l'attirait à elle. Depuis un an surtout, Emmeline, dévorée par une tristesse infinie, marchait rapidement vers la tombe. S'il lui arrivait quelquefois de sourire, c'était le dimanche, aux danses quasi-champêtres d'Auteuil. Madame d'Albert ne pouvait découvrir la cause de cette noire tristesse. A ses demandes, Emmeline frissonnait et ne répondait que par des larmes. La cause, c'était l'amour, quoique ce mot charmant n'eût jamais caressé ses lèvres ; c'était cet amour chaste et pur que nous découvrons au fond de nos jeunes âmes comme, au matin, une perle de rosée dans le calice d'une rose. »

Les jolies femmes échangèrent un sourire moqueur.

« Oui, l'amour ! car depuis un an Emmeline voyait le solitaire au bal d'Auteuil. Ils ne se parlaient pas, mais leurs yeux étaient éloquents et se révélaient avec candeur les joies mystérieuses de leurs âmes. Emmeline demeurait près de sa mère, qui se laissait distraire par la vue des danses ; le solitaire s'appuyait contre le tronc d'un tilleul, et de là s'envolaient vers Emmeline ses regards les plus doux et les plus tendres.

« Le solitaire s'était réfugié à Auteuil contre le souvenir d'un amour fatal : son plus sûr refuge fut l'amour d'Emmeline. Son âme, qui s'était endormie en maudissant une femme perfide, se réveilla en adorant un ange. Il aimait Emmeline, et son amour l'aveuglait sur le passé; Emmeline aimait le solitaire, et son amour l'aveuglait sur la mort.

« Un jour que le soleil rayonnait sur une des plus belles matinées du printemps, le bois se parsema de charmantes promeneuses, toutes ravies des roucoulements, des ombrages, des brises qui secouaient les parfums des tilleuls et des fraisiers. Mais bientôt le ciel se couvrit, et un violent orage dispersa les vagabondes.

« Madame d'Albert et sa fille se promenaient ce matin-là ; Emmeline, plus pâle et plus morne que jamais, semblait accablée par l'orage.

«Nonchalamment couché sur l'herbe du bois, le solitaire entrevit la mère et la fille à l'instant même où la foudre éclata. Il entendit un cri aigu et courut à elles. Madame d'Albert venait de tomber évanouie; Emmeline, agenouillée devant elle, essayait de la ranimer.

«Le solitaire saisit silencieusement madame d'Albert dans ses bras, et la transporta jusqu'au pavillon...»

Le romancier maritime souriait d'un air de doute. Le conteur, craignant que les dames ne fussent distraites par le sourire de son ami, les regarda sentimentalement et poursuivit ainsi :

— Le moyen est romanesque et commun, n'est-ce pas, mesdames? Ce n'est pas ma faute ; d'ailleurs ce moyen en vaut un autre, et l'orage ne vient jamais mal dans une histoire d'amour. «En reprenant ses sens, madame d'Albert pâlit à la vue du solitaire; elle ressentit en elle quelque chose d'indéfinissable qui combattait son amour de mère.

Elle prit plaisir à regarder le solitaire, dont les yeux baignés de larmes de joie avaient des regards charmants. Cette pauvre femme, si forte pour repousser le mal de sa fille, fut faible contre l'amour.

« Le solitaire, qui s'était approché tout tremblant, lui prit une main qu'il baisa. Au bruit du baiser, madame d'Albert retomba évanouie.

« Quand elle rouvrit les yeux, elle était seule. Ses souvenirs repassèrent devant elle, et à travers ses souvenirs elle s'imagina voir l'amour du solitaire. Il l'avait toujours suivie dans ses promenades, souvent elle avait rencontré ses regards en se penchant à sa fenêtre : que lui fallait-il de plus pour lui prouver qu'elle était aimée ? Elle oubliait Emmeline; du moins Emmeline lui semblait trop enfant pour inspirer autre chose que de l'amitié. La pauvre mère était veuve d'un homme qui ne lui avait laissé qu'un triste souvenir de l'amour ; mais elle comprit alors que l'amour était la fleur de la vie, la fleur qui fleurit le matin et qui se fane le soir.

« Le solitaire et Emmeline étaient sortis ensemble... »

— Oh! oh! murmura le romancier maritime, pendant que la mère était évanouie?

Le conteur poursuivit sans daigner lui répondre :

« En traversant le jardin, le solitaire répéta à Emmeline ce que ses regards lui avaient dit tant de fois, et après la confession il effleura de ses lèvres le front de son amante, et s'enfuit tout plein d'une folle joie. Emmeline retourna près de sa mère, qui était devenue triste ; un pressentiment lui disait au cœur que sa joie d'un instant était détruite.

« Emmeline l'embrassa et se mit à pleurer. — Des larmes, ma fille! dit madame d'Albert. — O mon Dieu! je suis heureuse, ma mère, et je pleure de joie. Madame d'Albert frémit et repoussa sa fille : elle avait lu dans l'âme d'Emmeline, et quelque chose de discordant passait dans son cœur ; c'était la jalousie.

« Le lendemain madame d'Albert revit le solitaire en l'absence d'Emmeline : elle fut frappée de sa pâleur et du trouble de ses yeux. Ils descendirent au jardin et s'arrêtèrent sous une allée ombreuse, où ils demeurèrent longtemps silencieux. Tout à coup l'amoureux, combattant une dernière crainte, se jeta aux genoux de madame d'Albert pour lui confier qu'il aimait sa fille. — Ah ! madame, lui dit-il d'une voix suppliante, ayez pitié de moi ! Madame d'Albert crut que l'amour égarait le pauvre garçon ; égarée elle-même, elle le releva et l'appuya sur son cœur. »

Le romancier maritime interrompit le romancier mystique :

— La nuit s'avance plus vite que ton histoire.

— Ta remarque n'a pas le sens commun, puisqu'elle avertit ces dames que la nuit vient. Il faut vraiment n'avoir rien à faire ni rien à dire aux femmes pour parler ainsi. Du reste, console-toi, nous sommes au dernier chapitre.

« Madame d'Albert ne fut pas longtemps trompée, sa chimère s'évanouit bien vite : un soir elle surprit sa fille pleurant sur les mains du solitaire, qui lui baisait les cheveux. La pauvre femme tomba malade. Elle avait peur de vivre plus longtemps. Dans son délire, elle appelait le solitaire à grands cris, elle maudissait sa fille, elle maudissait Dieu. Emmeline, malgré ses souffrances ardentes, passa les nuits à veiller sa mère.

« Elle avait supplié le solitaire de ne plus reparaître. Un soir qu'elle étouffait ses sanglots au lit de sa mère, elle alla au jardin. Elle entendit un bruit de pas, et jeta un cri à l'apparition de son amant. — Vous! lui dit-elle. Vous voulez donc assister à une scène de deuil? ma mère se meurt! Et se jetant dans les bras du solitaire : — Je vais mourir aussi, je le sens! le mal qui me dévore depuis si longtemps poursuit tous les jours ses ravages : oh ! n'abandonnez pas ma pauvre mère ! demain peut-être elle sera seule pour souffrir ! Le solitaire ne répondit aux paroles d'Emmeline que par des larmes ; il la pressa sur son cœur pour la ranimer ; il lui parla d'amour et d'espérance. Ce fut en vain, Emmeline ne croyait plus qu'à la mort.

« L'automne, cette méchante fée qui renverse toutes les parures de la terre, qui effeuille lentement les bois, qui fane en un jour toutes les fleurs, l'automne était jalouse d'Emmeline comme d'une belle fleur, et, quelques heures encore, elle devait l'atteindre.

« Ce soir-là les deux amants, assis sur le seuil du pavillon, se regardaient tristement aux tristes clartés de la lune. Les arbres qui s'effeuillaient, le vent qui gémissait sur les branches, les fleurs pleines de rosée et penchées vers leurs tombes, semblaient en harmonie avec l'âme des amants ; la nature était pâle et lugubre à l'approche de l'hiver comme Emmeline à l'approche de la mort ; la nature allait perdre sa robe toute parsemée de fleurs, Emmeline allait perdre sa vie toute parfumée d'amour

« Vous devinez que le solitaire et Emmeline souffrirent horriblement sur le seuil du pavillon. Ils voulaient se cacher leurs larmes, mais ils pleuraient toujours.

« Un grand nuage voila la lune, il tomba quelques gouttes de pluie. Emmeline entraîna son amant vers sa mère, qui, à la voix de sa fille, sembla sortir d'un long sommeil.—Emmeline! s'écria-t-elle, accours, accours! je vais mourir! Elle renvoya sa garde; et, voyant tout à coup le solitaire se dessiner dans l'ombre, elle lui tendit tristement la main. Quand il eut saisi cette main déjà glacée, elle tendit l'autre à sa fille, et mourut bientôt en les réunissant.

« Mais la mort n'était pas venue pour elle seule : après avoir saisi la mère, elle ouvrit ses bras à la fille. Emmeline s'éteignit quelques jours après sur le cœur palpitant du solitaire, bercée par un doux songe d'amour. »

Vers la fin de cette histoire, le romancier mystique avait assombri sa voix et penché tristement la tête ; les deux femmes étaient émues jusqu'aux larmes, ni plus ni moins qu'à la fin d'un roman intime.

— Vous pleurez, mesdames ! Vous êtes des femmes sensibles, dit le conteur en éclatant de rire.

— Voilà bien les hommes ! on meurt d'amour, et ils rient.

— On ne meurt pas d'amour, mesdames.

— Et votre histoire ?

— Mon histoire est un conte. Je voulais vous faire rire, et il ne fallait rien moins que de vous voir pleurer.

— Mais cet homme que nous avons vu au travers de ces arbres ?

— C'est un monsieur quelconque promenant ses longs cheveux.

Les deux amies, indignées, se vengèrent du conteur. Vous avez trop d'esprit pour ne pas deviner comment.

## STERNE ET ÉLISA.

Vous aimez Sterne, madame ; Sterne vous eût adorée en dépit d'Élisa. Vous êtes française par le cœur, par la beauté, et surtout par l'esprit, et Sterne n'est-il pas l'écrivain étranger le plus français? Quoiqu'il descendît en ligne plus ou moins droite de l'archevêque Roger Sterne, je crois qu'il était un peu de notre pays. Qui oserait, dans ce monde, dire avec assurance : Je sais d'où je viens, je sais où je vais? Sterne avait l'insouciante légèreté, la joyeuse moquerie et la voluptueuse inconstance des Français d'autrefois, ce qui faisait dire à Garrick : « Tu n'es pas de ton pays. » Sterne lui-même, dans ses mémoires, confesse qu'il est philosophe de l'école française, puisqu'il rit de tout *quand il ne pleure pas*. D'ailleurs, *le Voyage sentimental*, cette histoire du cœur, cette comédie humaine en miniature, n'a-t-il pas eu la France pour théâtre?

Je vais vous raconter, madame, ce que je sais des amours de Sterne et d'Élisa, ce que je sais de la vie de ce moqueur rabelaisien, qui riait pour effaroucher la mort, et qui pleurait pour se consoler de la vie. Lawrence Sterne naquit à Clounel, en Irlande, dans l'automne de 1713. « Je suis né, voilà la seule chose dont je n'aie pas à douter. » Son enfance fut un long pèlerinage à travers l'Angleterre : son père était soldat, il suivait toujours son père. Cependant le père mourut, et le jeune Lawrence ne s'avisa pas de le suivre jusque-là. Il entra alors à l'Université de Cambridge. En 1733, il fut admis au collége de Jésus, d'où il sortit avec quelques *bribes* de littérature qui avaient surpris sa paresse.

Ce fut à York que Sterne se maria, en 1741, à lady S... Voilà tout ce qu'il dit de sa femme dans ses mémoires : « Je me suis marié, hélas! mais j'aime mieux tirer le rideau. » Comme le hasard fut toute sa vie, il s'était marié *par hasard.* Cependant il était toujours *éperdument amoureux de quelque belle;* mais, hormis Élisa, le soleil de ses amours, toutes ces belles passèrent dans son âme ardente comme un éclair dans l'orage. Voyez plutôt : à onze ans il aimait une jolie fermière d'Hallifax qui avait une grâce infinie à lui offrir une tasse de lait quand son maître l'emmenait à la ferme; la tasse était grise et difforme, mais jamais *coupe céleste ne contint tant de miel.* Il se rappelait toujours un petit chien tacheté qui l'accueillait par des jappements; jamais musique, hormis la voix de la belle Élisa, ne le charma comme ces jappements. A onze ans il aimait une jolie enfant qu'il rencontrait souvent à la promenade. Longtemps après il désirait ardemment revoir les promenades d'Hallifax ; et, sans Élisa, il fût peut-être allé les revoir. A onze ans — toujours à onze ans — il aimait une grande fille du comté qu'il voyait à l'église; il avoue qu'elle lui cachait Dieu dans son temple. Quand il devint vicaire de Stutton, il adora Dieu plus d'une fois en rêvant à cette fille, et jamais souvenirs ne furent plus doux — hormis les souvenirs d'Élisa. — Voilà bien la nature de Sterne ! Le matin, à la ferme, il aimait la fermière ; le soir, à la promenade, il oubliait la fermière, et, le dimanche, il oubliait la fermière et la jolie promeneuse. Et je n'ai point parlé des *yeux bleus* de la sœur du maître, ni d'une figure *mignarde* qu'il voyait, tous les beaux soirs, à une fenêtre. Et puis, c'est Garrick qui raconte ces amours ! qui sait s'il n'en oublie pas !

Ce ne fut pas seulement à onze ans que Sterne aima ainsi ; et quand il vit lady S... pour la première fois, bien des flammes s'étaient allumées et éteintes dans son âme. Il fut séduit par la sentimentale tristesse de lady S..., et se mit à l'aimer de toutes ses forces. — Un mois après, il aimait la blanchisseuse de son oncle. — Lady S... se retira à la campagne chez une de ses sœurs ; sa tristesse prit des couleurs plus sombres ; elle tomba malade, et, se croyant sur son lit de mort, elle envoya à Sterne un testament où elle lui léguait jusqu'au dernier shilling de sa fortune. Sterne, touché jusqu'aux larmes, se souvint de son amour, et courut la revoir. Elle triompha de la maladie, et, quelque temps après, elle devint sa femme.

Pauvre et obscur vicaire de Stutton, il ne rêvait d'abord que les joies de famille : sa fille, son chien, sa femme, la peinture, la musique, la chasse, étaient toutes ses amours ; quoiqu'alors il ne fût pas en adoration devant sa femme, il l'aimait pourtant. — Garrick assure qu'il aimait mieux son chien. — La tristesse sentimentale de sa femme se changea en tristesse maussade; bientôt il ne se passa pas de jours qu'elle ne le tourmentât par ses querelles. — Malgré ces querelles, d'autres diraient à cause de ces querelles, il aimait sa pauvre *cottage,* sa belle forêt de Gastres, dont les grands bruits le charmaient toujours; il aimait le sentier qui se déroule de Stutton à Hillington, où il prêchait tous les dimanches (il officiait le matin à Stutton, et prêchait le soir à Hillington). Ce fut dans ce sentier qu'il eut les plus beaux rêves, qu'il ressentit les plus purs sentiments ; ce fut dans ce sentier qu'il versa les plus douces larmes et qu'il vit s'ensevelir sa jeunesse. Il semble étrange que, dans la solitude profonde de Stutton, il ait écrit ses *Sermons,* et surtout *Tristram Shandy;* car sa vie solitaire avait peu à peu effacé sa gaieté ; il était souvent triste et semblait toujours perdu dans ses songes. Sans Rabelais, peut-être fût-il devenu un poëte ou un prêtre mystique, n'aspirant qu'aux voluptés célestes. Rabelais tomba dans son existence comme une pierre dans l'eau : son existence, déjà purifiée de quelques erreurs de jeunesse, se troubla et s'agita singulièrement au choc de Gargantua. Il changea de culte comme il changeait d'amour; Dieu fut oublié pour Rabelais; le prêtre qui croyait se mit à rire, non de ce rire sec qui nous épouvante, mais de ce rire charmant qui traverse l'âme comme un rayon de joie, qui égaie et attendrit le cœur.

Il vint un temps — et ce fut quand Rabelais devint l'idole de sa pensée — où il fit moins de caresses à sa fille, où il repoussa du genou la tête rêveuse de son chien, où il oublia de se quereller avec sa femme. Il y avait alors pour lui quelque chose de plus cher que sa femme et son chien ; au milieu du calme si doux et si rafraîchissant de la forêt, un éclair d'orage étincelait : ce n'était plus l'amour, c'était la pensée de *Tristram*

*Shandy*. Sterne aspirait à la gloire, *cette coquine qui ne se donne jamais pour rien;* il voulait une de ses caresses, dût-il la payer de son sang, car cette caresse laisse une auréole d'or sur le front du poëte; il voulait la seconde vie, la vie insaisissable et capricieuse que donne la renommée, sans doute parce que l'autre vie ne lui semblait bonne à rien. Dès ce temps-là, la musique et la peinture furent sacrifiées; et pourtant on aimait ses romances à York, et les poëmes de Wodhul révèlent son talent de peintre. Il brisa sa harpe et ses crayons, parce que les sons de la harpe n'avaient point assez d'échos, parce que les traits du crayon étaient périssables; il espéra en son esprit : il n'avait pas tout à fait tort.

A l'Université, il s'était lié d'une amitié durable avec John Hall, le spirituel auteur des contes *Trazy tales*. — John Hall avait un château près de Stutton, dont la précieuse bibliothèque était toujours ouverte à Sterne, et Sterne était plus souvent devant cette bibliothèque que devant l'autel. C'est là surtout qu'il étudia Rabelais et Montaigne. Le matin il prenait son fusil, il appelait son chien, et se mettait en route pour le château en ayant l'air de chasser : c'était la chasse aux idées. Un jour qu'il s'était égaré dans la forêt, John Hall le vit et lui demanda où il allait. — Je ne sais pas, répondit-il. Quand il rentra le soir, sa femme lui demanda d'où il venait; il répondit encore qu'il ne savait pas. Il était alors dans toute l'ardeur de la création de *Tristram Shandy*. Quelque temps avant, il avait publié à York des sermons qui ne l'avaient guère fait rayonner : il publia les deux premiers volumes de *Tristram Shandy;* mais à York ce début ne fit aucun bruit : les beaux esprits du comté trouvaient que ce n'était qu'une mauvaise copie de Buckingham, qui déjà est une mauvaise copie de Scarron. Sterne, froissé, fit le voyage de Londres, où, repoussé de tous les libraires, il se vit forcé de s'éditer lui-même, et ce fut un heu-

reux libraire, car la première édition de
Londres se vendit tout d'un coup. Jamais
succès ne fut plus bruyant ni plus universel;
Sterne devint à la mode, et les plus grands
seigneurs de Londres se crurent honorés de
l'avoir vu. — Toute la province d'York, confuse de ses critiques, se mord encore les lèvres.

*Tristram Shandy* ranima pendant quelques jours la joie morose de l'Angleterre ;
ce fut comme un souvenir de ce bon vieux
temps où on s'endormait dans une indolence moqueuse, où la burlesque et joviale
poésie de Scarron déridait les fronts les plus
sévères, cette poésie tant aimée par Charles II,
le roi de la joyeuse insouciance, qui avait,
dans le poëte Buckingham, un bouffon et
un ministre — à moins qu'il ne fût lui-même le ministre et le bouffon de Buckingham. — L'Angleterre a changé d'insouciance : joyeuse au temps de Charles II,
triste au temps de Sterne, sombre aujourd'hui. — Je ne m'étonne plus qu'ils aient inventé des chemins de fer !

Sterne avait quarante-six ans alors; le plaisir plutôt que le travail avait brisé son corps, la Rossinante de son esprit, *le chevalier errant.* Il faillit à mourir de joie au bruit de son succès inespéré. Il en tomba malade, et ce fut vers la fin de cette lente maladie qu'il vit Élisa, sa dernière joie dans ce monde, Élisa, « l'ange des douces vertus, l'étoile de ses pensées, la plus digne et la plus noble des femmes. » Ce fut alors que Sterne écrivit à John Hall qu'il était las de sa femme, et qu'il ne pourrait la revoir sans dégoût. C'est sa femme même qui a publié cette lettre. Serait-ce par vengeance? Les femmes ne se vengent pas ainsi. Dans ses mémoires, Sterne raconte comment il vit Élisa. Pendant sa maladie, il rêvait, un matin, au coin du feu, quand on lui remit la carte d'une femme qui désirait le connaître, et qui le priait d'aller prendre du thé en son logis. Sterne, empêché par sa maladie, fit prier cette dame de venir.— Elle vint; et, suivant Sterne, il en advint l'amour le plus saint et le plus pur qui se soit allumé sur la terre. Élisa, c'était une larme du ciel versée dans son âme pour la purifier. — Comme le ciel qui se mire dans des flots troublés sans se ternir, l'amour revient dans une âme impure sans perdre sa pureté. — Un seul homme de ce temps-là a cru à la pureté de cet amour, l'abbé Raynal, qui, dans son *Histoire philosophique*, a fait un magnifique éloge d'Élisa ; la sainte vierge Marie n'eut jamais de si belles louanges. Tout ridicule qu'il soit, ce panégyrique arrache des larmes, quand le vieillard, qui avait espéré la main d'Élisa pour le conduire au tombeau, s'écrie : « O renversement de toutes les espérances humaines ! ma vieillesse a survécu à ses beaux jours, le destin m'a condamné à vivre et mourir seul. »

Élisa était née en Angleterre; on l'en avait arrachée dès son enfance pour l'entraîner aux Indes, où (c'est Sterne qui parle) « ses sentiments se mûrirent en principes, et s'échauffèrent de l'enthousiasme sublime de la morale des Orientaux. » Elle se mourait aux Indes ; elle était revenue dans son pays reprendre quelque séve. C'était une nature poétique, que sa famille avait mariée ou plutôt sacrifiée à la nature rude et sauvage d'un Indien. Depuis son mariage, la malheureuse se fanait sous les larmes, et Sterne devint tout à la fois son ami, son frère, son amant, sa consolation et son espérance.

Sterne, qui avait oublié sa femme aux genoux d'Élisa, dépensait à Londres avec une singulière prodigalité son esprit et son argent ; on le voyait souvent avec Garrick à la cour de la princesse de Galles, on le voyait plus souvent avec Élisa : c'était la première femme qui fût parvenue à fixer cette nature papillonnante. « Comment voulez-vous que je retourne à York ? écrivait-il à John Hall ; Élisa a coupé mes ailes. »

Au retour de son voyage en France et en Italie, il se retira à Coxwould, dans une retraite charmante que lui avait donnée le comte de Falconbridge. La tendre Élisa y fut lui dire adieu. Sa femme et sa fille étaient demeurées en France, on ne sait dans quel lieu; les méchants ont dit dans un couvent. Élisa demeura trop longtemps à Coxwould pour un adieu. Ce fut à Coxwould que Sterne écrivit le *Voyage sentimental*, sous l'impression de son amour pour elle. Enfin elle repartit aux Indes, et ce fut pour toujours; il ne la rencontra plus dans ce monde. Les adieux furent déchirants. Les jours qui suivirent ont vu Sterne, déjà chancelant, gravir une petite colline au voisinage de Coxwould. Quand il arrivait au sommet, il ne songeait pas à se reposer, il demeurait des heures entières le regard plongé vers la mer. Avant l'abbé Raynal, Sterne était seul ! Eugène, un autre ami de Sterne, écrivait à Londres qu'il avait pleuré en revoyant le pauvre Yorick n'ayant plus le regard d'Élisa pour *illuminer ses ténèbres;* il racontait qu'il l'avait rencontré une fois dans le chemin de la petite montagne, et qu'il avait été si frappé de sa douleur solitaire, qu'il s'était détourné en silence.

Sterne revint à Londres quelques jours avant l'apparition du *Voyage sentimental*, plus affaibli, plus épuisé que jamais; il retomba malade et mourut. Et voyez quel homme d'esprit c'était que Sterne ! il n'en montra pas à sa mort. Garrick assure pourtant qu'au dernier instant il fit un sourire et une grimace — un sourire à la mort, une grimace à la vie. — L'Angleterre ne s'émut point à cette mort; son convoi fut désert. Il fut inhumé sans faste dans le cimetière de Moribode; et *deux étrangers* — des Français, sans doute : les Français se trouvent partout pour ces choses-là — érigèrent sur la fosse un monument où on vit longtemps ces mots : *Que ses os reposent en paix.* Garrick avait raison de dire à Sterne : « Tu n'es pas de ton pays. »

Ainsi s'éteignit, en 1768, ce pauvre Yorick, c'est-à-dire la verve la plus narquoise et la plus mordante de l'Angleterre. Jamais imagination ne fut si bien illuminée de feux follets, jamais esprit ne jeta de plus belles pluies d'étincelles, jamais philosophe ne vit plus clair dans le cœur humain. C'était un sage qui prenait la mine d'un fou pour divaguer sérieusement, un fou qui se donnait les airs d'un sage pour mieux jouer sa comédie ou sa parade. Après lui, plus de voix railleuse qui fasse trembler le ridicule, plus d'épigrammes qui bourdonnent à l'oreille des sots. Encore s'il n'y avait plus de sots! Or, nous sommes en Angleterre; et quand même nous serions en France...

Il faudrait se croire autant d'esprit que Sterne en avait pour oser faire la critique de ses livres : voilà pourquoi, madame, je garde ici le silence.

Garrick dit qu'à sa dernière heure Sterne eut des remords. Depuis longtemps l'ange de la religion avait délaissé sa vie : il a dû frémir en se voyant seul en face de la mort, sans que nulle âme aimée fût là pour lui dire adieu, cet adieu de la famille ou de l'amante qui porte bonheur dans le dernier et fatal voyage. Sans doute il regretta sa femme et sa fille, il retourna dans sa vie passée, il se rappela ses beaux jours écoulés dans le *cottage* de Stutton, ses mélancoliques soirées de la forêt de Gastres, ses promenades austères dans les ruines de la vieille abbaye. — O mon Dieu! s'écria-t-il à diverses reprises, c'était donc cela! Que voulaient dire ces mots? Cherchez bien, madame. Mais ces idées affligeantes s'effaçaient par intervalles. La poésie, qui ne se lasse point de consoler ses enfants — et Sterne était son enfant gâté — venait s'asseoir sur le lit du moribond, et lui chantait encore des hymnes d'espérance qui l'aveuglaient sur sa mort prochaine. Et ce n'étaient plus ni sa femme ni sa fille qu'il regrettait, c'était Élisa.

En mourant, il tendit ses bras dans le vide. Vers qui? Vers sa femme ou vers Élisa? Vers Élisa, sans doute, puisqu'elle fut la première à l'aller revoir au ciel.

UN

**PÈLERINAGE A NOTRE-DAME-DE-LIESSE.**

*Les dieux s'en vont!* Ce cri n'est qu'un mensonge de poëte ; ne voyez-vous pas comme toujours des rosaires, des pèlerinages et des miracles ? *Les dieux s'en vont!* ne voyez-vous pas plus que jamais de belles moissons et de belles vendanges ? Les dieux sont toujours là. Si quelqu'un s'en va de ce monde, ce n'est pas Dieu ; c'est vous, c'est moi, et, après nous, c'est notre médecin, c'est notre curé. Dieu reste toujours pour veiller sur notre héritage et sur les nouveaux venus. Où est Voltaire, qui abattait d'un trait de plume, c'est-à-dire d'un trait d'esprit, la glorieuse croix arrosée du sang de Jésus et des larmes de Madeleine? Où sont les bruyants philosophes qui transformaient la Bible en encyclopédie, les divins cantiques en chansons grivoises? Où sont-ils tous? Mais n'allons pas si loin; ceci n'est rien autre chose que le récit simple et fidèle d'un petit pèlerinage dans un pays fort hanté des croyants. Nous partîmes le 10 juillet de N..., dans le piteux char-à-bancs du château. Jamais le char-à-bancs n'avait mené si joyeuse compagnie, à savoir : le substitut du procureur du roi de T..., un médecin et sa femme, un notaire et sa femme. Moi je conduisais le carrosse, au grand dépit de la compagnie; mais quand on va en pèlerinage, il faut bien s'abandonner un peu à la grâce de Dieu. Nous vîmes à notre départ poindre le soleil à travers les ormes de la montagne de Parmailles;

le ciel nous promettait bon visage pour la matinée. Au bout de l'avenue du château, nous n'avions encore rien dit (je ne parle pas des femmes); mais, une fois en route, le médecin, un peu hâbleur, se mit en verve; le substitut lui répliqua par de belles métaphores; le notaire, né galant, fit de la satire et du madrigal avec les deux dames; moi seul je fus le vrai pèlerin ; tout en émoustillant le cheval, j'admirai au passage les richesses de la vallée, les blés jaunissants, la vigne en fleur, les cerisiers tout rouges de fruits, le foin que secouaient les faneuses, le seigle où criait la faux du moissonneur : ces tableaux variés brillaient de tout l'éclat du soleil et de la rosée. La nature est belle le matin, à l'encontre de beaucoup de belles femmes qui ne se montrent jamais à leur lever. C'est encore une mode perdue que d'être belle le matin ; au XVIII$^e$ siècle, les petites marquises n'étaient pas si dédaigneuses. Il est vrai qu'il n'y a plus de ruelles, ni de poëtes dorés, ni d'abbés galants.

Au bord de la forêt de Samoucy, nous vîmes déjà des troupes de pèlerins, les uns allant, les autres revenant, presque tous pieds nus, même au retour. Les uns portaient à Notre-Dame des couronnes de roses blanches pillées dans les jardins du voisinage, les autres rapportaient à leurs chapeaux ou à leur corsage des bouquets de roses artificielles achetés à la porte de l'église de Liesse ; les plus vieux récitaient leurs patenôtres, les plus jeunes chantaient le cantique de Notre-Dame :

>Peuple dévotieux,
>Écoutez en ces lieux :
>En grande joie et liesse
>Vous allez bientôt voir
>Le beau visage noir
>De Notre-Dame-de-Liesse.

Parmi les plus dévotieux se trouvait un pauvre diable presque aveugle qui s'imaginait voir clair, grâce à son pèlerinage, mais qui ne voyait pas du tout ; il vint se jeter, au bruit de notre équipage, droit à la tête du cheval. — Eh bien ! mon pauvre homme, lui cria le médecin, Notre-Dame n'a donc rien fait pour vous? — Hélas ! mon cher monsieur, bien loin de là, dit son voisin de pèlerinage, Notre-Dame lui a fait perdre ses lunettes.

La forêt de Samoucy, qui s'étend jusqu'à Liesse, a bien l'air de pousser pour l'amour de Dieu; dès que nous fûmes à l'ombre de ses branchages, nous devisâmes à tort et à travers des pèlerinages et des miracles; chacun de nous se fit tant bien que mal l'historiographe d'Ismérie et de ses merveilles. Voici l'histoire; — c'est de l'histoire ni plus ni moins.

En 1134, sous le règne de Foulques, comte d'Anjou, roi de Jérusalem, trois chevaliers de Saint-Jean, issus de la maison de Marchais, furent pris en combattant contre les Sarrasins; ils étaient partis pour délivrer le Sauveur du monde, les pauvres combattants furent jetés dans une prison du Caire. Ils s'agenouillèrent sur la paille pour bénir leur sort. Le soudan voulut les séduire par mille cajoleries pour en faire des mahométans. Les chevaliers tinrent bon dans leur foi ; le soudan les supplia lui-même, ils furent inébranlables. Le soudan, qui était un homme d'esprit, dépêcha sa fille Ismérie vers les prisonniers rebelles : c'était la plus belle profane du Caire. La voilà qui tresse sa chevelure d'ébène, qui parfume sa robe de myrrhe, et qui descend dans la prison. Toute noire qu'elle était, elle apparut comme un astre aux chevaliers de Saint-Jean. Dès son entrée, elle se mit à parler de Mahomet, et surtout du paradis de Mahomet. — Ne vous en déplaise, dit le plus jeune des chevaliers, j'aime mieux le paradis de saint Pierre, où la sainte Vierge Marie, mère de Dieu, égraine son chapelet. — La belle Ismérie, qui n'était pas moins curieuse qu'une autre, demanda si la mère de Dieu était plus belle qu'une houri. Les chevaliers firent un si beau portrait de la reine des cieux, que la fille du soudan, qui se croyait la reine de ce monde, fut tentée de s'agenouiller et de l'adorer. Elle alla chercher du bois et des outils ; elle pria les prisonniers de sculpter une image de la sainte Vierge, disant qu'elle se convertirait à la religion chrétienne si la figure de Marie était digne de leurs louanges. Les chevaliers étaient de fort bons chrétiens, mais de fort mauvais sculpteurs. Ils se recommandèrent à Dieu, et s'endormirent en paix sur les outils. Vers minuit, à leur réveil, quel fut leur étonnement, dit la tradition, de voir que le soleil luisait comme en plein midi ! Je me trompe, ce n'était pas le soleil qui rayonnait si bien, mais une belle image de la sainte Vierge *jetant une si grande lumière que les chevaliers faillirent à en perdre la vue*, c'est toujours la tradition qui dit cela. C'était plus qu'il n'en fallait pour convertir Ismérie ; elle se fit catholique de tout son cœur. Voltaire, qui raconte cette histoire miraculeuse à sa façon, dit, le profane !

qu'on se ferait chrétienne à moins en si belle compagnie; mais n'écoutons pas Voltaire. La fille du soudan, qui voulait voir un peu de pays, fit entendre aux chevaliers qu'elle serait bien aise de partir avec eux; se faire enlever, ce n'est pas très-chrétien, mais cette fois pourtant c'était une œuvre pie. Or, comment s'y prendre? Le soudan aime sa fille et tient à ses prisonniers; il donnerait sa part de paradis (de Mahomet) plutôt que de perdre Ismérie et les chevaliers de Saint-Jean. Un miracle ne vient jamais seul : la nuit d'après, Ismérie fut éveillée par l'éclat d'une vive lumière et un concert de voix harmonieuses; dans cette lumière divine, dans ce concert céleste, la sainte Vierge apparut environnée d'une troupe de jeunes vierges. Marie chanta (je reproduis le couplet du cantique) :

> Oh! fille du soudan,
> Vous serez baptisée
> Par l'évêque de Laon!...

Et là-dessus, la Vierge reprit le chemin du

ciel. Cela est bel et bon, dit Ismérie; baptisée, chrétienne, catholique, apostolique et romaine. Mais aller en France, c'est un peu loin, d'autant plus que les chemins sont mauvais. — Enfin, on ne fait pas son salut en dormant. Ismérie se lève; elle prend la miraculeuse image et ses pierreries (en fille bien apprise), elle va retrouver les chevaliers pour les consulter; la nuit porte conseil. A peine arrive-t-elle en leur prison, que toutes les chaînes se brisent comme du verre. Suivez-moi donc, dit-elle aux prisonniers; il ne fait pas bien clair, mais cette bienheureuse image, toujours rayonnante, nous éclairera mieux qu'une lanterne. Les chevaliers ne se le font pas dire une seconde fois. En moins d'une minute, voilà la caravane en route; c'était bien la caravane du Caire. Ils arrivent gaiement au bord du Nil; un pêcheur nocturne se trouve là fort à propos; ils descendent dans sa barque, ils abordent à l'autre rive, et prennent le premier chemin venu.

> Ayant marché longtemps,
> La sultane tristement
> Dit aux trois gentilshommes :
> Je voudrais faire un somme.
> Les chevaliers soudain,
> S'écartant du chemin,
> Entrent dans un bocage...

Vous voyez que c'étaient bien là des chevaliers français et galants. *Étant tous endormis, ils furent, mes amis,* transportés par miracle, et sans y penser, dans le royaume de France. — Oh! oh! s'écrie le plus jeune des chevaliers à son réveil, voilà là-bas les cheminées du château de mon père; voyez par-dessus ces chênes le clocher de notre pays; c'est ce qui s'appelle faire son chemin en dormant.

> Voyant un jeune berger
> Jouant du flageolet,
> L'un de ces gentilshommes,
> Qui avait bien dormi,
> Lui dit : O mon ami!
> Dis-moi donc où nous sommes.

Le berger leur répond sur son flageolet qu'ils sont en Picardie, *fort loin de la Turquie.* Cependant la fille du soudan ne voit plus l'image miraculeuse; elle pleure, elle crie, elle se désespère ; les voilà tous qui battent la campagne; enfin, Ismérie retrouve l'image au bord d'une fontaine; après avoir bu à cette fontaine, Ismérie reprend l'image dans ses bras, malgré les chevaliers qui sollicitent cette gloire. L'image divine n'était pas au bout de ses divins caprices ; en passant dans un enclos, à deux pas du château, elle devint tout à coup si lourde, qu'Ismérie la laissa tomber sur l'herbe en pleurant ; les chevaliers voulurent en vain la soulever. Ils comprirent que c'était là que la sainte Vierge devait avoir un autel, ils firent vœu d'y bâtir une église. Enfin, ils arrivent dans leur vieux manoir sous cette bonne escorte. La mère des chevaliers ne vit point de prime abord Ismérie d'un bon œil; mais dès qu'elle apprit que la fille du soudan n'était pas venue en France pour devenir sa bru, elle l'accueillit le mieux du monde ; elle alla même jusqu'à consentir à se faire sa marraine. Peu de jours après, Ismérie fut baptisée et confirmée en grande pompe dans la cathédrale de Laon, par l'évêque Barthélemy de Vir. Après quoi je ne sais ce qu'elle devint ; mais ce que je sais, grâce à la tradition, c'est que les chevaliers, fidèles à leur vœu, élevèrent une église dans leur enclos pour consacrer tous ces miracles. Cette église fut bientôt féconde en prodiges. L'évêque Barthélemy vint la bénir au milieu du peuple de toute la province ; l'image miraculeuse fut élevée sur l'autel où elle est encore dans une robe d'or et d'argent. On vint l'implorer de toutes les provinces de France ; il y eut même des pèlerins allemands et espagnols ; en vérité, saint Jacques de Compostelle n'eut jamais si beau jeu. L'église fut nommée *Notre-Dame-de-Liesse.* A côté de l'église il fallait une auberge pour les pèlerins ; à côté du cabaret se plaça bientôt un marchand de bouquets artificiels et d'images miraculeuses : de là l'origine de ce village, qui compte plus d'un millier d'âmes. Il y eut des pèlerins de toutes les façons ; les rois Charles VI et Charles VII y vinrent plusieurs fois fort dévotement, à pied et à cheval ; René, comte de Provence et roi de Sicile, laissa à cette église par son testament, en 1474, un marc d'or ; Louis XI y pria en 1475, et y fit bénir la Notre-Dame de plomb de son chapelet ; en 1482, il y fit bâtir une chapelle pour attendrir la sainte Vierge sur son sort ; François I$^{er}$ et Henri II y furent de très-généreux pèlerins ; Charles IX y fit plus d'une neuvaine ; ce fut pour cette majesté superstitieuse que le cardinal de Lorraine réédifia le château de Marchais, qui est encore à cette heure un des plus riches châteaux de France. Marie de Médicis, Anne d'Autriche, Louis XIII, le cardinal de Richelieu, furent souvent en pèlerinage à Notre-Dame-de-Liesse, qui n'a fait grands miracles en leur faveur. Enfin Notre-Dame fut visitée en 1820 par madame la duchesse de Berri.

Les miracles s'étendaient au delà de l'église; il vous souvient de cette bienheureuse fontaine où Ismérie avait retrouvé l'image de la Vierge; or, sur cette fontaine, une chapelle s'était élevée pour protéger la source divine, ou plutôt pour vendre des verres d'eau aux pèlerins, comme on vendait des bouteilles de vin à l'auberge. Mais l'eau de la chapelle fut, à notre grande surprise, plus recherchée que le vin du cabaret: vous verrez pourquoi.

Puisque nous sommes à peu près au bout de l'histoire, poursuivons notre pèlerinage. Nous nous arrêtâmes dans la forêt pour déjeuner; nous déjeunâmes un peu de l'air du temps : une croûte de pâté, une aile de poulet, un flacon de vin de Bordeaux. Après déjeuner, nous nous remîmes en route plus gais et plus causeurs. Notre équipage fut bientôt entouré et harcelé d'une douzaine de petits mendiants indigènes qui chantaient le cantique de Notre-Dame tout en faisant la roue. Nous ne savions d'où ils venaient;

les uns semblaient sortir de la poussière du chemin, les autres des halliers épineux. Pour une pièce de trente sous, nous fûmes bénis à outrance. Près d'arriver à Liesse, nous demandâmes la meilleure auberge à un beau monsieur joufflu et souriant qui passait près de nous. — La meilleure auberge? dit-il lentement en ayant l'air d'y mettre de la conscience ; ma foi, messieurs, je crois bien que c'est celle que voilà. — En achevant ces mots, il nous indiquait du doigt la chapelle de la fontaine. Nous comprîmes ; les dames y voulurent descendre, nous y descendîmes. Il y avait foule ; un vieux sacristain de triste mine versait à boire aux pécheurs avec un peu de parcimonie ; on le payait comptant, donnant donnant, un verre pour un sou, et une antienne au lieu d'une chanson par-dessus le marché. Après avoir secoué sa sébile et prié les buveurs oisifs de s'en aller, il vint à nous et nous demanda quel nombre de verres nous voulions boire. Et voyant plusieurs d'entre nous faire la grimace, il ouvrit un tabernacle et y prit un calice de cristal. — C'est dans ce calice que le roi Louis XIII, par la grâce de Dieu, a bu de cette eau miraculeuse.

Les dames sourirent au sacristain.

— Quelle est la vertu de cette eau? demanda le médecin, qui est un esprit fort.

— La vertu de cette eau, répondit le marchand, c'est de purifier l'âme des pécheurs, si bien qu'ils sont en état de grâce pour implorer Notre-Dame. En voulez-vous six verres? La vertu de cette eau, c'est aussi de préserver de la fièvre maligne. En prendrez-vous chacun deux verres? Voyons, madame, donnez le bon exemple! — Le sacristain se pencha vers la fontaine, et y puisa un verre d'eau tout en récitant un orémus : *Concede, misericors Deus, fragilitati nostræ præsidium.*

Jésus-Christ et la Madelaine, saint Augustin et sainte Thérèse, nous ont découvert par leurs larmes la source divine qui lave les péchés; j'aime mieux la fontaine de Notre-

Dame-de-Liesse : la source des larmes est amère ; la fontaine en question verse la plus belle eau de roche du monde. Parmi les fontaines consacrées, il n'y a que la fontaine où Rébecca enivra Éliézer qui puisse compter à côté de celle-là. J'ai poussé le fanatisme jusqu'à boire tout un verre ; les dames, plus fanatiques encore, ou peut-être plus pécheresses, burent deux verres sans trop de peine.

Un valet de l'auberge voisine était venu prendre notre cheval ; nous allâmes à pied à l'église, en bons pèlerins. Cette église. grâce aux dons des princes et princesses, cardinaux et bénédictines, est la plus coquette des églises de France ; que de paillettes ! que de verroterie ! que de clinquant ! Auprès de l'église de Liesse, Notre-Dame-de-Lorette est une église très-austère. Mais le plus bel enjolivement est, sans contredit, un beau millier de béquilles appendues dans une chapelle en témoignage des miracles de Notre-Dame. Voilà pour les boiteux. Les aveugles ont laissé quelques paires de lunettes ; les autres martyrs de l'espèce humaine n'avaient rien à laisser en témoignage, si ce n'est des cierges, un peu de fumée de plus ou de moins. Outre les boiteux qui ont marché sur les deux jambes, les aveugles qui ont vu, bien d'autres malades sont redevenus allègres et gais, grâce à la commisération de Notre-Dame-de-Liesse ; il y a des saintes qui ne guérissent qu'un petit coin de notre corps, mais celle-là n'y regarde pas de si près, elle sait sur le bout de ses doigts le catalogue de tous les maux.

— Notre-Dame-de-Liesse, dis-je avec ferveur, délivrez-nous des médecins. — Délivrez-nous des substituts, dit le médecin. — Délivrez-nous des avocats, dit le substitut. — Et nous entamâmes une kyrielle de toutes les plaies de la France. La femme du notaire finit par cette intercession : — Délivrez-nous, ô sainte Ismérie, des sept péchés capitaux et des sept mille péchés véniels. — Gardez-vous-en bien, ô grâcieuse Notre-Dame, dit la femme du médecin ; accordez-nous, comme de coutume, notre petit péché quotidien. Ainsi soit-il.

Comme nous passions dans la nef, nous vîmes une jeune paysanne en béguin, qui tirait la corde d'une cloche de toutes ses forces. — Pourquoi tirez-vous si bien cette cloche? lui demanda sans façons la femme du notaire.

La paysanne allait répondre; mais, nous voyant approcher, elle rougit et s'en alla prier un peu plus loin.

— Cette corde, dit le médecin, qui était le plus savant, quoique le plus mauvais catholique, est aussi miraculeuse que l'eau de la fontaine : si du premier coup les femmes font sonner la cloche, elles peuvent compter sur un enfant dans l'année.

— Mais, dit malicieusement le substitut, qui compte sans son hôte compte deux fois.

— Ah çà, dit le notaire, qui était l'homme moral de la bande, celle qui vient de tirer la corde n'a pas trop l'air d'être mariée?

— Vous êtes bien innocent, dit le médecin ; si elle était mariée, elle ne viendrait pas si loin.

— C'est donc une vagabonde?

— Au contraire, c'est une fille très-sage et qui raisonne bien : la corde ne promet pas d'époux ; mais, en lui demandant un enfant, le mari est sous-entendu.

A cet instant, nous fûmes attirés par un bruit de voix argentines qui résonnaient dans une chapelle : c'étaient une douzaine et demie de petites filles de dix à onze ans qui se confessaient à un vieux chanoine de figure résignée. Jamais vous n'avez vu si joli enfantillage : le vieux chanoine avait aligné les jeunes pénitentes sur un seul rang, il les confessait toutes à la fois. — Mes enfants, avez-vous omis de prier notre divin Sauveur? — Oui, non, non, oui, non. Ces oui et ces non jetés au hasard par de petites voix perçantes nous amusèrent beaucoup ; mais, comme il n'y avait pas là l'ombre d'un miracle, nous fîmes un demi-tour ;

nous allâmes vers l'image miraculeuse. C'est une fort mauvaise sculpture qui ne fait pas bien augurer des artistes *extra muros :* il est bon que chacun s'en tienne à son métier. A côté de l'image miraculeuse, on voit dans un cadre d'or le portrait de la fille du soudan. Il n'y a pas eu pour ce portrait grand frais de couleur : Ismérie est tout en noir depuis les pieds jusqu'à la figure, *inclusivement*. Le devant de l'autel était semé de pèlerins fraîchement débarqués, priant Notre-Dame de toutes leurs forces, sinon de tout leur cœur. Comme nous n'avions pas grand'chose à demander à Ismérie, nous nous éloignâmes un peu. Nous nous avançâmes vers la chapelle des béquilles. Un pauvre diable, qui en avait deux sous les bras depuis longues années, venait de s'arrêter là tout pensif et tout mélancolique.

— Eh bien! mon pauvre homme, lui dit le médecin, vous voudriez bien jeter vos béquilles sur le tas.

— Oui, répondit-il d'un air piteux, mais

ce bonheur-là n'est pas fait pour moi.

— Pourquoi donc? Le soleil luit pour tout le monde.

— Pourquoi? pourquoi? reprit le boiteux en secouant la tête, parce que je n'ai pas la foi. C'est pourtant bien simple, mais c'est au-dessus de mes forces. Voilà plus de mille fois que je viens ici voir toutes ces béquilles pour croire un peu, mais c'est comme si j'avais le diable dans l'âme qui me chante toujours que toutes ces béquilles n'ont servi à personne, si ce n'est à Notre-Dame elle-même. Ne suis-je pas bien malheureux de ruminer de ces pensées-là !

Nous lui conseillâmes de prendre son mal en patience; heureusement pour lui que nous joignîmes quelque chose au conseil. C'était, après avoir prié Dieu, tout ce que nous avions de mieux à faire dans l'église; nous voulûmes sortir pour nous promener un peu.— N'oublions pas les tableaux, dit le substitut. Nous retournâmes sur nos pas. Le premier tableau représente Louis XIII et Anne d'Autriche priant pour avoir un fils, à en juger par le fond où est peinte la Nativité ; le second représente la duchesse de Berri remerciant Notre-Dame d'avoir accordé à ses vœux M. le duc de Bordeaux, qui sommeille bercé par les anges. Ce ne sont pas là deux chefs-d'œuvre ; le premier est daté de 1618, l'autre a deux siècles de plus, et n'en vaut guère moins ; enfin, la peinture est digne de la sculpture.

A notre sortie de l'église, nous fûmes tous frappés de l'étrange caractère du bourg ; c'est bien le spectacle austère de quelques villes de Flandre et d'Espagne : des figures sombres à tout seuil de porte, des chapelets à toutes les mains, des soutanes et des rabats qui se dessinent partout, des cierges qui brûlent par douzaines ; mais, à Liesse, le tableau est un peu égayé par les groupes de pèlerins endimanchés qui viennent là par distraction. Nous vîmes bientôt paraître une procession indéfinie : deux villages d'alentour, bannières flottantes, croix et cierges allumés en tête, avec tous les menus accessoires du culte. Le petit séminaire de Liesse alla en grande pompe au-devant de la procession. En voyant cela, qu'auraient dit les gazettes nationales qui se sont effrayées des processions pour la fête de Dieu ? Il est vrai qu'en toute chose les saints sont mieux fêtés que Dieu.

Un peu fatigués de voir partout rabats, cierges et rosaires, nous nous acheminâmes vers l'hôtellerie. La façade est une façade de couvent ; point de bouquet de gui comme on en voit à toutes les auberges de Picardie, mais une croix pour enseigne. Une croix pour enseigne, c'est toujours une croix mal placée, c'est rappeler mal à propos la cène et les apôtres. Cependant notre appétit tint bon. Nous trouvâmes dans la salle d'entrée deux servantes qui avaient la mine de deux sœurs de charité, un marmiton qui avait l'air d'un enfant de chœur, et un chat faisant le chattemitte, *un saint homme de chat.* Survint un grand individu pâle et sec à faire peur aux vivants, qui, après s'être incliné comme un séminariste, nous demanda d'une voix sombre ce qu'il pourrait faire pour notre excellence.

— Un bon dîner, dit le médecin.

— Messieurs, reprit l'hôtelier, c'est aujourd'hui samedi, je n'ai que des œufs et de la salade, du fromage et des fruits.

Le pauvre médecin se recommanda à Dieu :

— Seigneur! s'écria-t-il, où sommes-nous?

— Mais, demanda le substitut, est-ce qu'on ne vend pas des indulgences, ici?

— Oui, monsieur, mais seulement pour les malades. Depuis M. de Voltaire à son voyage en Flandre, nul chrétien en bonne santé n'a mangé de viande les samedis en cette maison.

— Comment, M. de Voltaire? Est-ce qu'il est venu ici en pèlerinage?

— Hélas! monsieur, répondit l'hôtelier, par malheur pour le pays, il y en a bien d'autres de son espèce qui sont venus profaner ce saint lieu. Saint-Just a couché là-haut pendant huit jours ; aussi mon grand-père a fait bénir la chambre quand l'échafaud a coupé cette tête de monstre.

— Tout beau ! s'écria le médecin qui est pour la république ; mêlez-vous de vos têtes de veau, monsieur l'hôtelier. Où donc avez-vous appris votre état, s'il vous plaît ?

— J'ai été au séminaire ! dit-il avec orgueil.

— Que diable ! dit le notaire, il fallait vous faire curé, nous ne serions pas exposés à être mal traités ici.

Nous nous résignâmes aux œufs et au fromage de l'auberge catholique, apostolique et romaine, où l'on jeûne sérieusement quand l'Église l'ordonne.

— Voyez vous, messieurs, reprit l'hôtelier qui voulait nous convertir, Voltaire s'est bien repenti d'avoir enfreint en cette maison les commandements de l'Église. Voici l'histoire en deux mots : Cet homme passait à Liesse, par curiosité, en compagnie d'un

seigneur de la cour ; ils descendent ici et
s'en vont à l'église ; ils reviennent bientôt
riant aux éclats ; mes *aïeux* épouvantés les
supplient d'avoir plus de respect pour Notre-
Dame ; les impies disent qu'ils se moquent
de Dieu et du diable, qu'ils riront tant qu'il
leur plaira, et autres blasphèmes pareils ;
et, non contents de tout cela, ils comman-
dent d'un ton de maître le plus beau dîner
du monde. C'était un samedi, dans la belle
saison. Mes aïeux résistèrent d'abord avec
un pieux courage ; mais, craignant quelque
malheur, ils égorgèrent un poulet et le mi-
rent à la broche. Sur le soir, après dîner, les
deux blasphémateurs se remettent en route ;
à peine au bord de la forêt, un orage épouvantable fondit sur eux. Allez, messieurs,
ils virent de près le feu du ciel ; au dire d'un
bûcheron, ils tombèrent agenouillés dans
la poussière. Tout grands seigneurs qu'ils
étaient, ils se tournèrent vers Notre-Dame-
de-Liesse avec des prières et des larmes ;
Notre-Dame, apaisée par leur repentir, dai-

gna leur laisser la vie, mais ils furent mouillés jusqu'aux os. Exemple terrible de la toute-puissance de Dieu et de la faiblesse des hommes !

Là-dessus, l'hôtelier nous fit une profonde révérence, et s'éloigna de nous avec dignité, sans avoir levé les yeux une seule fois sur les dames.

Pendant notre frugal banquet, nous nous perdîmes à l'envi dans le monde des miracles ; miracles sacrés, miracles profanes, c'était à qui mettrait en jeu le plus beau. Romulus et Rémus naquirent d'un dieu et d'une vestale ; la chevelure de Bérénice balaya, une belle nuit, toutes les étoiles du ciel, qui restèrent dans le balai ; Philémon et Baucis virent changer leur cabane en temple ; les murailles de Thèbes s'élevèrent au son de la flûte. Voilà pour les profanes. Les miracles sacrés ne sont pas moins agréables ; à commencer par le serpent qui perdit Ève, par la mâchoire d'âne de Samson, par les discours de l'ânesse de Balaam, par le

soleil et la lune arrêtés en plein midi ; à finir par les hauts faits de Notre-Dame-de-Liesse. Nous fûmes tous des voltairiens pervertis. Heureusement pour notre salut que la femme du notaire nous arrêta par cette sentence :
— Quand la foi parle, la raison ne doit pas dire un seul mot.

Tout est pour le mieux dans ce monde, qui n'est pas le meilleur. Avant les miracles de Notre-Dame-de-Liesse, le pays n'était qu'un désert sablonneux, une lande dédaignée, un marais malsain à peine habité çà et là par quelques pauvres diables qui n'avaient pas ailleurs de place au soleil. On eût dit d'un oubli de la nature, en voyant, au milieu d'une des plus riches contrées, ces quelques lieues de sable aride où l'orge venait à peine. Mais Ismérie arriva à propos, en compagnie des seigneurs du pays, qui ne savaient à qui louer leurs terres. Avec Ismérie les miracles, avec les miracles les pèlerins ; on plante, on bâtit, on dessèche les marais, on enterre le sable, on finit par dominer la nature rebelle, et voilà le pays qui va son train le mieux du monde. Cependant la meilleure moisson n'a jamais été celle de la terre; les marchands de chapelets, de cierges, de bagues, d'images et de bouquets miraculeux, se sont enrichis plus vite que le laboureur. Il n'est guère de village en France où Notre-Dame n'ait vendu quelque scapulaire de plomb, de cuivre ou d'argent. J'ai vu arriver à Liesse une charrette toute pleine de bagues de plomb; c'est un commerce effréné en gros et en détail; rien n'y manque, pas même les commis voyageurs, qui sont d'anciens aveugles ou d'anciens boiteux, qui voient ou qui marchent par la grâce de Notre-Dame. Malgré tout, Notre-Dame-de-Liesse a été une page écrite en grossiers caractères de la religion de nos pères; cette sainte page, les moins clairvoyants ont pu la lire; elle s'est gravée dans plus d'un cœur qui cherchait à croire. Qui sait le nombre des âmes boiteuses, aveugles et sourdes, quelle a préservées ou guéries!

Or, *malgré les miracles,* ne faut-il pas déplorer ces pèlerinages un peu vagabonds, à cette heure surtout où le pays manque de bras pour les moissons? Ne verrait-on pas d'un bon œil, au lieu de ces bouquets de papier peint, quelque ardente faucille armer la main du pèlerin? La jeune moissonneuse qui ornerait son chapeau de paille du dernier bluet cueilli dans les seigles en retournant la gerbe., ne serait-elle pas plus agréable au Seigneur, pour parler comme l'Écriture, que toutes ces aventurières qui enjolivent leurs corsages fanés des bouquets bénits de Notre-Dame? Il ne faut pas faire tant de chemin pour Dieu et ses saints. Dieu est partout où il y a un épi, une goutte d'eau, un rayon de soleil, une fleurette dans l'herbe : tout cela vaut bien les reliques, les cierges, les scapulaires et les bouquets de Notre-Dame-de-Liesse ; Dieu est partout pour la bonne foi, la charité et le travail. Ceci me rappelle une petite leçon donnée dans un tribunal par un président, homme d'esprit, à un jeune abbé de Notre-Dame-de-Liesse. L'abbé, comme témoin dans je ne sais quel délit, allait jurer de dire toute la vérité. Le christ avait, je ne sais pourquoi, disparu du tribunal depuis quelques jours ; le pauvre abbé le cherchait des yeux avec angoisse ; de guerre lasse, il tourne le dos au jury et lève la main vers la cathédrale du pays dont il voyait une tour par la fenêtre : — Allons donc, monsieur le curé, lui dit le président avec humeur, soyez plus poli et plus orthodoxe ; Dieu n'est-il pas partout ?

Nous allâmes de Liesse au château de Marchais, où dorment en paix, après un si long voyage, les trois chevaliers de Saint-Jean. Ce château, qui fut le pied-à-terre de plus d'un royal pèlerin, a gardé je ne sais quel parfum du vieux temps des miracles. Le châtelain d'aujourd'hui, qui ne revient pas de la terre sainte, est un homme d'esprit qui s'entend à merveille aux œuvres d'art ; il a recueilli les plus beaux meubles de la renaissance dans la chambre où a couché

François I$^{er}$. De la fenêtre de cette chambre, fenêtre gothique ornée de gracieuses arabesques, on voit, au bout de l'avenue du parc, par une échappée, le clocher aigu de Notre-Dame-de-Liesse. Ce château, à l'encontre de beaucoup d'autres, est plus beau que jamais, grâce à cette main savante qui lui prodigue tout; le parc est une des plus magnifiques promenades de France et de Navarre. En automne, le son du cor, le cri des chasseurs, l'aboiement des chiens, éveillent gaiement ce pays un peu morne. C'est le beau temps du château et du terrain, le temps du bruit et des fêtes. Tous les pèlerins y sont bien venus, les riches et les pauvres, les uns au seuil, les autres au foyer.

Nous revînmes le soir, sans miracles et sans orages, avec le gracieux souvenir de la jolie paysanne en béguin qui tirait la corde miraculeuse avec tant de bonne volonté. Grand bien lui fasse!

# VICHY ET LE MONT-D'OR.

A M. Félix Bonnaire.

Assez d'autres vous diront ce qui se passe et ce qui ne se passe pas à Spa et à Bade. A coup sûr ces deux pays ont un grand mérite pour les Parisiens, tout simplement parce qu'ils sont hors de France. Ce n'est pas une bonne raison pour dédaigner Vichy et le Mont-d'Or, qui sont au beau milieu de la France. Du reste la gazette de Spa et de Bade

n'est pas très-curieuse cette saison. Il pleut
à Spa comme la veille du déluge. A Bade, la
rouge et la noire sont toujours la plus belle
distraction; Chabert et Benazet sont restés
les vrais souverains du grand-duché; ils
achèteront, quand ils n'auront plus rien à
gagner, tout le gouvernement, les ministres,
les chambres, et les deux électorats de Hesse
par-dessus le marché. Mais mon voyage n'aboutit pas là. Je partis de Paris, ne sachant
pas trop où j'allais, comme Lénore ou comme
Sterne, mais ne voulant arriver, comme ces
deux célèbres voyageurs, ni à l'amour ni à
la mort. J'étais dans le coupé, en compagnie
d'un sous-préfet et d'une sous-préfette. Le
meilleur compagnon de voyage, c'était le
sous-préfet : il dormait. Avant de s'endormir,
il avait dit quelques paroles sur la pluie et
le beau temps politiques, peu de chose, mais
tout ce qu'il savait. En revanche sa femme
avait le plus joli babil du monde; il est vrai
qu'elle avait eu le temps d'en apprendre
long : elle avait quarante ans à peu près. Je

me résignai d'assez bonne grâce à son babil, ne dépensant que tout juste ce qu'il fallait d'esprit pour émerveiller une grande dame des départements : cet esprit consistait à ne rien dire, mais à bien écouter. Et ici j'inscris cet aphorisme des plus remarquables: « En certaines rencontres le silence est le séducteur ; la femme s'enivre et se perd plutôt par son babil que par les paroles les plus tendres. »

Elle se mit à jaser sur la poésie, et pour me prouver qu'elle possédait bien son sujet, elle me parla de cette phalange de petits poëtes qui parurent en France comme une fraîche aurore du XVIIe siècle. « On a beau dire, reprit-elle, vos poëtes romantiques ont passablement de souvenirs de Saint-Amand et de Maynard. Pour mon compte, j'aime autant la grâce de ces vieux poëtes que la sentimentalité nuageuse des modernes. » Peu à peu je pris plaisir au babil de ma voisine de coupé ; c'est un esprit sans façon, qui va naturellement à tort et à travers, cultivé çà et là par la méchanceté. — Où allez-vous, madame? demandai-je comme par distraction. — A Vichy; mais vous, monsieur? — Je pense que j'y vais aussi; j'ai là des amis qui aiment la promenade. — Elle me fit en peu de mots la chronique des buveurs d'eau de cette saison. Elle me raconta l'histoire de M. de M..., le *lion* des eaux, un des plus riches gentishommes de S..., gentilhomme d'hier, mais qu'importe?

« M. de M... est, je crois bien, du Club-Jockey; c'est un beau garçon de trente ans, qui a presque de l'esprit. Il a les grandes allures et les belles façons. Il achève gaiement une jeunesse fort dissipée. Vous l'avez tous vu ce printemps, caracolant aux Champs-Élysées sur le plus joli cheval venu d'Arabie; il faisait surtout l'admiration et l'enthousiasme de toutes les promeneuses. Vous comprenez qu'il devait être fort recherché parmi les mères qui ont des filles de vingt ans à marier. Il fuit le mariage à toutes jambes, mais le mariage le poursuit sans perdre haleine. On ne monte pas si bien à cheval pour rien. Or, au mois d'avril dernier, il fut pris au piége. Il avait rencontré cet hiver une jeune fille de grande famille, mais de petite fortune. Il avait dansé avec elle au bal de l'ambassadeur de L... A peine au bout de la contredanse, la femme d'un de nos ministres en réserve, qui prenait en pitié les vingt ans et quelques mois de la jeune comtesse, imagina tout de suite un mariage d'inclination. Elle prit M. de M... à part, lui fit entrevoir qu'elle arriverait au ministère pour servir ses amis, elle parvint à l'attendrir sur sa danseuse. Ce serait, selon elle, un glorieux mariage ; grâce à ses droits de femme politique, elle le ferait nommer secrétaire d'ambassade, maître des requêtes, pair de France! Que ne peut, je vous le demande, la femme d'un député de l'opposition qui veut marier quelqu'un ? Notre jeune gentilhomme vit tout d'un coup, d'un œil ébloui, la belle figure de la jeune comtesse encadrée dans ces brillantes espérances ; huit jours après, il donna sa parole, se résignant au mariage de très-bon cœur. Tout s'arrange le mieux du monde, un grand personnage honore le contrat de son illustre seing, l'affiche est faite à la mairie de...; on s'en souvient encore. Les accessoires de la cérémonie amusent passablement M. de M...; il prépare une corbeille splendide, il dévaste tous les matins les plus célèbres marchandes de fleurs ; en vérité, tout se passe aussi bien que dans les contes de fées. Je crois même qu'il rima un acrostiche et un madrigal. Enfin, le grand jour arrive; il est entendu que ce grand jour se passera au beau milieu de la nuit, comme en Orient ; on ira par-devant M. le maire à onze heures et demie, par-devant M. le curé à minuit sonnant; mais avant tout, et comme prélude poétique, on commencera par danser pour se mettre au pas. Voilà le souper qui se prépare, un vrai souper de maréchal de Saxe ; la future apparaît dans la salle du bal belle comme Égérie ; il n'y a qu'une voix pour l'admirer. Le futur (c'est bien à dessein si je dis le futur et la future) s'incline devant tant de splendeur et de grâce; il lui prend la main et la baise en tremblant; il ne sait que lui dire, si ce n'est qu'elle est fort belle en mariée. Là-dessus un violoncelle joue *la Romanesca*, un quadrille se forme soudainement, la future jette en avant son joli pied. La pauvre fille ne sait guère où elle va ! La contredanse s'achève en silence; on n'ose pas encore s'abandonner à la joie; il y a d'ailleurs dans tous les esprits je ne sais quel triste pressentiment que la fête sera triste. Après le *chassez-huit*, la future cherche des yeux son danseur; elle tend la main avec une surprise muette. Où est-il? Il s'est évanoui comme une ombre; la pauvre fille s'imagine qu'elle rêve. — Oui, ce n'est qu'un rêve, dit-elle. Elle tombe mourante dans les bras de ses amies. On appelle M. de M... à grands cris, on court sur ses pas, tout le monde perd la tête. — C'est un jeu, dit une femme. — Un jeu cruel, dit la mère de la jeune fille. Un convive arrive tout effaré. — Il est parti, dit-il ; c'est un fou qui s'est joué de tout le monde et de lui-même. Il vient de prendre des chevaux de poste ; il fuit le mariage à bride abattue. — La jeune fille reprit soudain toutes ses forces ; elle arracha ses parures et les jeta autour d'elle avec un noble mépris. Après cette action, elle retomba évanouie. Deux mois durant elle fut près de mourir, mais enfin elle se résigna à vivre avec ce triste souvenir. On dit qu'il ne se passe pas de nuit qu'elle ne retourne dans ses rêves à cette nuit des noces d'un nouveau genre. Mais ce qui fait un peu jaser autour d'elle, à présent qu'elle ne court plus risque de mourir, c'est la royale corbeille des noces : nul ne sait ce qu'elle est devenue. A coup sûr M. de M... n'a jamais songé à en demander des nouvelles. Ce M. de M... est un grand poëte ou un grand fou. »

Nous arrivâmes à Vichy sur le soir ; mon premier coup d'œil fut pour le paysage. Vous vous souvenez mieux que moi des plaines infinies de la fertile Limagne, de ces horizons variés que bornent d'un côté les montagnes du Forez, de l'autre le Puy-de-Dôme. Voilà une ville bien heureuse, une des plus bruyantes et des plus silencieuses de la France. L'été, c'est une fête sans fin, c'est Paris avec son esprit et sa grâce, Paris dans les champs sous un ciel plus beau, sous un soleil plus gai, Paris sur un fleuve qui a des rives fleuries, Paris avec un ruisseau qui n'est plus celui de la rue du Bac, le ruisseau tant regretté de Corinne, Paris avec des paysages à tout bout de champ, avec des promenades aux quatre points cardinaux. L'hiver, Vichy se repose des fêtes de l'été ; elle regarde passer nonchalamment et avec dédain l'Auvergne laborieuse avec ses bateaux de blés, de fruits, de charbons et de bois. Vichy ne se sert du fleuve que pour l'agrément ; on s'y promène en nacelle, on côtoie le rivage verdoyant, mais voilà tout ; on s'y contenterait pareillement d'un lac et même d'un étang. Bienheureuse ville, qui ne gâte pas son doux ciel par la fumée des fabriques, qui ne gâte pas le concert de la vallée par le soufflet asthmatique d'une forge ou par le bruit de quelque machine à vapeur. Il ne tiendrait qu'à elle d'utiliser le *Sichon,* mais elle ne demande au *Sichon* rien autre chose que le spectacle poétique de ses bruyantes et folles cascades ; non, elle a bien assez des gerbes de sa vallée et des grappes de sa colline, et d'ailleurs, après tout, n'a-t-elle pas une fabrique comme tant d'autres, une fabrique sans cheminée, un magnifique palais italien avec des galeries infinies, des salles vastes et sonores, où l'on vient de toutes parts sans marchander : c'est dans ce palais que jaillissent les sources bienfaisantes que vous savez. La France, l'Allemagne, l'Angleterre et l'Italie, se rencontrent là tous les ans à divers titres et pour diverses raisons, mais surtout pour y retrouver la gaieté, car, à Vichy, l'eau a le privilége du vin, moins l'ivresse. Pourquoi voulez-vous que les habitants de Vichy se courbent vers la terre, quand l'or leur vient tout monnayé, à toutes les effigies? Ils sont paresseux comme des lazzarone; ils se couchent au soleil, la sébile aux pieds; ils attendent paisiblement le tribut du riche. L'hiver, ils se reposent de n'avoir rien fait l'été; aux premières aurores de la belle saison, ils s'éveillent gaiement au bruit de la musique et des cris joyeux; là c'est Richelmi qui chante avec sa voix pénétrante, ici c'est Seligmann et George Heine qui chantent aussi sur leurs violoncelles. La ville se pare avec le printemps; elle se met en frais de séduction, elle reprend tous ses attraits. Quand le soleil retrouve son éclat, quand la verdure étend ses tapis émaillés, les gens du métier couvrent leurs boutiques de guirlandes, le palais thermal s'illumine. Ici c'est un bal, là on joue, plus loin c'est un concert ou un spectacle. M. Scribe prend à Vichy sa part du gâteau; M. Scribe est un percepteur fort actif sur les contributions directes ou indirectes du plaisir. Outre les danses, la musique, les jeux et les vaudevilles, il y a d'autres distractions à Vichy, par exemple les promenades agrestes sur des ânes magnifiquement harnachés; là est vraiment le plus joli et le plus curieux spectacle, car enfin les ânes de Vichy sont capricieux et entêtés comme en d'autres pays. Quand la promeneuse veut aller par-ci, ils vont par-là; c'est un combat à outrance; l'âne finit toujours par avoir le dessus, car il sait trébucher à propos. Il n'est pas d'après-midi qu'on ne voie tomber sur l'herbe touffue du sentier quelque charmante amazone. Tomber à bas d'un âne, c'est du reste une ordonnance des médecins de Vichy; on tombe plus ou moins bien; il y a là toute une science. On se promène aussi à pied; il y a plus d'une belle avenue faite pour les rêveurs et les amoureux, pour ceux qui lisent les romans et pour ceux qui lisent les gazettes, pour le lion du boulevard de Gand qui fume un cigare et cherche une aventure, pour l'amante délaissée qui poursuit un cher et triste souvenir, pour la jeune fille tout innocente qui consulte une marguerite sans savoir pourquoi. J'ai rencontré là des barons sans nombre, allemands, français et italiens, des grandes dames de tous les pays et de toutes les façons, barons et grandes dames affligés du mal d'ennui, d'oisiveté et d'orgueil. Au temps passé, le beau monde courait tous les pays, traversait les mers pour saluer quelque grande relique sanctifiée; autrefois c'était un pèlerinage en l'honneur de quelque faiseur de miracles; aujourd'hui il y a encore pèlerinage, mais pèlerinage en l'honneur de soi-même. Or, Vichy est, comme on l'a dit, le *caravansérail européen ;* c'est le grand faiseur de miracles de toutes sortes, même de miracles amoureux. Ce pays n'a qu'un tort aux yeux des Français, c'est d'être en France. Le soleil y luit plus gaiement qu'ailleurs ; il y a des promenades charmantes, à pied, à âne, en nacelle; des châteaux à visiter, comme Busset, d'Effiat et Randon. Pour mon compte, j'aime beaucoup Vichy, où je n'ai pas bu une seule goutte d'eau, non plus que mes amis.

Voici un échantillon de l'esprit des paysans de l'Allier. Un jour, en promenade, j'étais suivi de deux rustres qui venaient de Vichy appeler le médecin pour leur mère mourante. — Nous avons attendu un peu tard, disait l'un. — C'est vrai, dit l'autre; *mais, après tout, nous sommes bien assez grands pour être orphelins.* J'ai entendu une paysanne dire de son mari, homme de mauvaise vie : Le monstre! *s'il y avait une fontaine de passions, il irait y boire.* Vous voyez que là-bas le langage a beaucoup de tournure. Ce dernier mot, qui est plein de force, me remet en mémoire cette phrase célèbre d'un cabaretier bourguignon qui voulait peindre les hauts faits de deux ivrognes de ses amis : — Ils burent tant, que je m'enivrai en les voyant boire.

Je quittai Vichy avec quelque regret ; c'était le matin. Je jetai en m'éloignant un regard ravi sur le paysage, ce gracieux tableau noblement encadré par les montagnes superbes et capricieuses du Forez et de l'Auvergne.

Le chemin qui conduit au Mont-d'Or est des plus pittoresques. On arrive au village après avoir perdu l'espoir d'y arriver, c'est-à-dire après avoir gravi en tournoyant les plus hautes montagnes. Enfin on découvre deux lignes de jolies maisonnettes au fond d'une gorge profonde, de toutes parts dominée par des monts arides; d'un côté c'est le *pic du Capucin,* qui a bien l'air en effet d'un capucin austère et mélancolique, de l'autre côté c'est le *pic de Sancy,* qui dépasse tous les pics du monde, et qui semble dire au voyageur : Halte-là. Durant la route, le regard se repose avec charme sur la riche valée de Sainte-Sauve, qui déploie mille tableaux diversement éclairés. Je descendis enfin; de loin, le Mont-d'Or m'avait semblé un village d'opéra-comique; mais, de près, ce n'était plus qu'une campagne des alentours de Paris. J'arrivai en plein midi; les buveurs allaient partir en promenade; nul ne savait où, mais on allait partir; les ânes venaient à petits pas, les chevaux levaient la tête. Un officier de marine prit la parole en caressant ses moustaches.— Allons au pic de Sancy. — Voir des nuages, dit une dame qui trouvait le chemin du pic trop découvert. — Allons plutôt au *salon de Mirabeau*, dit un grand monsieur qui regardait la dame de très-près ; nous reviendrons par le *salon du Capucin ;* à la bonne heure, voilà une promenade adorable; on se dirait en Suisse. Et puis, j'ai du soleil par-dessus la tête; au moins nous irons à l'ombre. — Allons au lac Parin, dit une autre dame qui avait ses raisons pour revenir tard. — Allez vous promener, dit gracieusement le mari de celle-ci; nous n'arriverons pas au lac Parin avant le coucher du soleil. Moi, quand je me promène, j'aime à y voir un peu. — Eh bien ! dit une grand'mère, retournons à l'arc-en-ciel de la cascade de Queuneilh, il n'y a qu'un pas. — Oh ! non, dit une grande fille en agitant son éventail ; j'aime mieux la cascade de la Verrière. — Une cascade romantique, dit le jeune comte de P..., qui voulait dire quelque chose. Elle se cache si bien dans la verdure, qu'on ne la trouverait pas sans tout le bruit qu'elle fait. — Nous oublions, dit un savant, les ruines du château de Marolles. — Voir des pierres! le beau spectacle! Ce n'est pas la peine d'aller si loin. — Or, dit un vieillard prévoyant, qui riait sous cape de tous ces projets, pour une promenade il faut que le soleil soit de la partie, et vous ne voyez pas une averse qui vient. — Le vieillard avait raison ; il fallut se résigner aux distractions de la musique, du jeu et des causeries. Dès ce premier jour, je pus remarquer les diverses natures des buveurs d'eau. Ne croyez pas que les étrangers ne fassent là qu'une seule famille, comme il arrive en d'autres lieux. Au Mont-d'Or, chaque hôtel a son caractère : la noblesse séjourne chez Chaboury, la finance chez Boyer, la bourgeoisie chez Bellon; la rue de Grenelle, la rue Laffitte, la province, ont chacune leur enseigne. Moi, qui ne suis ni noble, ni bourgeois, ni financier, je ne savais où aller. Heureusement je trouvai parmi les financiers Seligmann, que les deux autres hôtels enviaient; je pris son violoncelle pour abri. Nous nous amusâmes beaucoup d'une guerre intestine qui venait d'éclater entre la finance et la noblesse pour les beaux yeux d'une vicomtesse quelque peu célèbre : *Amour, tu perdis Troie.* Comme le jour de mon arrivée était un jeudi, j'allai à la salle de danse, où l'on danse fort lugubrement, comme partout où l'on danse avec gravité. Ce spectacle m'ennuya comme un vrai bal de province; mais le dimanche d'après je pris ma revanche. Nous allâmes avec Seligmann et Richelmi à quelques lieues de là, voir danser la bourrée. Voilà, dis-je en voyant cette fière danse, voilà ce qui s'appelle secouer sa misère. La musique était digne des danseurs : cornemuse, chalumeau, fifre, et autres accessoires bruyants.

Nous retrouvâmes enfin dans ces monts sauvages cette douce et joyeuse muse qui n'était pas dans la mythologie, la *chanson des campagnes*. Il faut faire bien du chemin pour la retrouver, à cette heure que *la Parisienne* a envahi tous les beaux esprits du village, depuis le maître d'école jusqu'au garde champêtre. *La Parisienne* a été pour les campagnes le fruit de la révolution de juillet. Hélas! à la première révolution, nous n'aurons pas même un couplet, tant nous allons en déchantant. Il n'y a donc plus que les vieilles femmes et les jeunes filles qui se hasardent dans la solitude, au bord d'un bois, au fond d'une vallée silencieuse, quand les ténèbres descendent de la montagne, à chanter les anciennes chansons. Elles y trouvent des charmes infinis : en chantant, les bonnes vieilles se souviennent, les jeunes espèrent. Pour elles la plus douce poésie, après l'amour, c'est la vieille chanson sur cette musique sans date qui semble venir de Dieu. Cette poésie s'en va tous les jours, comme tant d'autres ; bientôt c'est en vain qu'on écoutera les jeunes filles et les vieilles femmes : les derniers échos seront morts.

Nous nous arrêtâmes le soir dans le sentier, pour écouter la voix un peu perçante d'une moissonneuse qui chantait, dans le patois de l'Auvergne, je ne sais plus quelles amours malencontreuses. Elle s'en revenait la faucille sur le bras, fière de sa journée, heureuse de sa chanson. A la fin de chaque couplet, elle respirait un bouquet fraîchement cueilli dans un pré. Comme nous l'entendions au travers des rumeurs alanguies de la vallée, l'air, la chanson et la voix nous charmèrent infiniment ; nous nous regardions en silence, avec un sourire heureux. — Je voudrais bien noter cela, dit Seligmann. Pour moi, rien ne m'a détaché plus vite des petites idées prosaïques qui nous suivent partout ; j'ai été soudainement, comme par magie, transporté dans un autre monde. Je revoyais ces vieux châteaux si bien peuplés qui ne se rencontrent plus que dans les romans de Walter Scott ; je revoyais les trouvères vagabonds, les chevaliers amoureux, les belles châtelaines à la fenêtre gothique, les fiers capitaines bardés de fer agitant leur épée d'*or fin*, les grand'mères agitant au coin du feu leur quenouille enrubannée et racontant de lugubres histoires de morts qui reviennent pour faire peur aux vivants, c'est-à-dire aux veuves et aux héritiers, les jeunes Agnès errant au bord des bois et rencontrant des chevaliers qui les ensorcèlent; enfin le monde des fées et des magiciens, des anges et des démons, les grivoiseries de Téniers et les rêveries d'Ossian. Et tout en m'égarant dans ce monde du vieux temps, je me demandais comme Shakspeare : « Est-ce que je n'ai pas vécu dans ce temps-là ? » Il y a beaucoup à rêver sur cette pensée du grand poëte anglais : « La vie est un conte de fée qu'on écoute pour la seconde fois. »

Les plus grandes curiosités du paysage sont une cascade et un pic, la *grande cascade* et le pic de Sancy. La grande cascade est aux portes de la ville; on y arrive en côtoyant un petit ruisseau limpide. C'est une magnifique surprise que l'apparition soudaine de ce flot mugissant qui se précipite de rocher en rocher, qui jette une pluie d'argent sur la mousse et le lichen bordant son lit dévasté, qui disparaît comme par magie sous quelque roche chancelante. Jamais naïade favorisée de Neptune ne versa une si belle cruche d'eau. En allant au grand pic de Sancy, qui s'appelait aussi le pic de la Croix, on rencontre dans un bois une autre cascade, moins bruyante et non moins romantique : c'est la cascade du Serpent. Ici l'eau ne tombe pas, elle coule ; seulement elle coule fort vite. C'est bien la cascade du serpent ; on dirait un serpent qui glisse sur la mousse et les herbes flottantes. Il y a mille ondulations gracieuses à travers les buissons, mille sifflements bizarres dans les grands souchets dont les belles fleurs semblent braver le torrent. Le tableau s'anime encore mieux quand on descend là où quelques arbres déracinés flottent avec la cascade et la cachent à demi par leurs feuilles et leurs fruits sauvages. Pour le pic de Sancy, je me souviens que je l'ai gravi à pied et à cheval, espérant voir le ciel d'un peu plus près. On nous avait promis un orage, mais la représentation foudroyante fut ajournée, à notre grand dépit. Il fallut bien nous contenter du spectacle de la terre : une prairie par-ci, un lac par-là ; enfin, rien de nouveau sous le soleil.

Je ne vous dirai rien des célébrités de toutes sortes qui se pavanaient au Mont-d'Or comme à Vichy ; il n'y a rien de neuf à dire sur les célébrités. J'ai vu qu'elles savaient bien se mettre à leur place. La comédienne coudoie la financière, l'homme de génie passe en avant du grand seigneur. Une fois hors des hôtels, tout le monde est libre comme le vent. La noblesse a beau lever le front, la finance a beau secouer sa bourse, la bourgeoisie et la province ont beau se tenir sur la réserve, au bout d'un instant tous les fronts sont au même niveau : le soleil luit et l'eau coule pour tout le monde ; tous les cœurs sont égaux devant l'amour.

J'oubliais de vous dire qu'en quittant Vichy, je m'étais arrêté dans un hameau curieux, digne de l'étude d'un philosophe. Fourier et Saint-Simon ont dû passer par ce hameau. Il y avait autrefois en Auvergne grand nombre de communautés villageoises et agricoles qui s'étaient formées d'après des coutumes puisées dans l'ancienne constitution féodale. Ces communautés étaient presque toujours composées d'une même famille ou de plusieurs familles de même origine. Les terres dépendant de la communauté n'étaient jamais partagées ; on les cultivait au profit de tous. Un chef était élu à chaque moisson nouvelle ; il avait l'œil du père et l'œil du maitre ; on le couronnait d'épis mûrs à la Saint-Jean, qui était la fête du pays ; le premier jour de la vendange, il fallait, suivant la coutume, qu'il s'enivrât un peu. Jamais on n'eut plus joyeuse moisson et plus riante vendange. Une ménagère était élue tous les ans pour faire la soupe à la communauté, pour veiller sur le linge et sur la vertu des filles (jamais la même ménagère ne voulut demeurer deux ans dans cet emploi). Les décrets de la Constituante et les lois de l'empire renversèrent ces communautés toutes patriarcales, mais quelques villages ont gardé jusqu'aujourd'hui quelques vestiges du bon temps. Les terres sont divisées comme ailleurs, mais au moins l'ancienne fraternité dure encore, les vertus de la famille y ont conservé toute leur grandeur un peu sauvage. Les habitants sont hospitaliers, comme Philémon et Baucis; il n'ont qu'une écuelle de bois, mais elle est au premier venu : — Frère, disent-ils au passant, *biez* un coup. — Ils n'ont qu'un pauvre lit; mais, si un voyageur leur demande à coucher, ils abandonnent gaiement le grabat et s'en vont dormir sur le foin. Leur femme, ils l'appellent *notre femme*, tant ils veulent n'avoir rien qui ne soit à leur voisin. J'ai vu ces braves gens au sortir de la messe; en passant devant le bénitier, tous prenaient de l'eau bénite, hommes et femmes, les hommes sur le bord de leurs grands chapeaux, les femmes dans le creux de la main ; de l'église ils descendaient au cimetière, secouer des gouttes d'eau bénite sur la cendre de leurs *vieux frères*. Pas une tombe, pas une pierre, pas une croix, pas une enseigne dans tout le cimetière : communauté des morts et communauté des vivants. L'eau bénite tombait sur le premier *vieux frère* venu ; seulement une larme, qui tombait çà et là avec l'eau bénite, allait trouver une âme plus aimée.

# LE MAITRE D'ÉCOLE CHAMPENOIS.

Tableau à la Van Ostade.

Pour celui-ci, c'était un vrai maître dé'-cole, descendant en droite ligne de cette souche de pédants grotesques qui s'efface tous les jours. Bientôt la France en sera dépeuplée sans retour : les écoles de village seront gouvernées par de jeunes savants qui boiront de l'eau pour médire du vin, et qui apprendront aux paysans comment la terre tourne autour du soleil. En vérité, il est temps que les Callot de ce siècle s'emparent de ces figures superbes des vieux maîtres d'école ; car, en ces jours de dévastation, après avoir crié : Les dieux s'en vont ! la poésie s'en va ! il faudra crier aussi bientôt : Les maîtres d'école s'en vont ! En France, hélas ! tous les caractères s'effacent peu à peu : aujourd'hui que tout le monde est ministre, homme de lettres, et même dieu ; aujourd'hui qu'il n'y a plus de race distincte, le premier homme venu, chose étrange ! peut faire un maître d'école. Autrefois, il n'en était pas ainsi ; il fallait, pour cela, un grand fond de gaieté et surtout d'ignorance, une voix sonore pour chanter l'office divin de façon à faire peur au bon Dieu, enfin la science de la bouteille.

Notre maître d'école en question s'appelait Jean Lebeau ; il datait du milieu du dernier siècle ; il était venu au monde en Thiérache. Celui-là ne devint maître d'école que dans la peur d'être soldat. Il avait, dans son enfance, gardé les oies du vieux château de Marcy ; plus tard, M. le comte de Marcy, qui exerçait toute puissance sur le territoire, eut égard à ce bon précédent : il le nomma donc, de concert avec monsieur le curé, maître d'école de Mondelut. Du reste, Jean Lebeau n'était pas tout à fait indigne de ce poste imposant : il pouvait chanter au lutrin sans savoir ce qu'il chantait, enseigner ce qu'il ne savait pas aux enfants du pays ; mais, comme disait un philosophe, la science vient des hommes, et n'apprend rien de bon, c'est-à-dire rien du ciel. La science nous apprend la géographie, qui rapetisse le monde, et l'histoire, qui l'enlaidit. Les belles et nobles choses ne s'apprennent pas : ainsi l'amour et la poésie ; car les belles et nobles choses viennent de l'âme, ce poëme de la divinité.

Mais je ne veux pas suivre ici notre joyeux maître d'école dans tous ses zigzags ; je me contente de reproduire, pour votre curiosité, mes chers artistes, quelques tableaux de son histoire, qui, après tout, n'est qu'une vieille histoire rehaussée çà et là par quelques traits de gaieté et de bonhomie.

Vers 1776, mons Jean Lebeau voulait se marier par respect pour son prochain et pour les commandements de l'Église, mais surtout pour avoir une femme et tout ce qui s'ensuit. Se marier, à merveille! mais avec qui? mais avec quoi? Jean Lebeau avait un peu moins que rien, c'est-à-dire son génie; cela n'est pas compté dans les contrats de mariage. Il florissait alors à Mondelut deux filles assez avenantes qui ne se montraient pas bien farouches. Par malheur, ces deux filles étaient pauvres. Pour toute dot, l'une avait une petite maison au bout du village, entourée d'un petit jardin tout bordé de haies; l'autre avait une petite vigne parsemée de beaux pêchers et de quelques vieux cerisiers. « Hélas! disait le maître d'école; il n'y a pas de quoi boire pendant la vendange. » Cependant il se décida pour la vigne. A peine était-il marié de trois mois, qu'il s'écriait piteusement : « Ah! si j'avais su que les raisins fussent si verts!» La belle fille avait, aussitôt le mariage, mis de côté son air séduisant, sa douceur, et ce je ne sais quoi qui s'appelle la beauté ou l'attirail du diable. Jean Lebeau n'était plus le maître chez lui ; les commères de l'endroit disaient même que sa femme le battait comme un écolier ; mais ne sommes-nous pas ici-bas destinés à la colère comme à l'amour des femmes ?

En 1780, il y avait au village de Mondelut, en face d'une église, une petite chaumière renfrognée, un peu égayée par un cep de vigne, qui couronnait une petite porte en ogive et ombrageait presque un vieux banc de pierre tout chancelant ; cette chaumière était sans contredit la plus bruyante du village ; car c'était là que messire Jean Lebeau exerçait sa puissance à grand renfort de verges, dans un fauteuil vermoulu, majestueusement élevé sur une estrade ; comme Jean Lebeau avait l'orgueil du pouvoir et la manie de la science, il n'était pas si haut placé pour ne rien faire, et surtout pour ne rien dire; il aiguisait sa plume et son esprit vingt fois par jour; dans ses beaux moments, quand il ne voyait plus ses écoliers qu'au travers des fumées du vin, il se lançait à bride abattue dans le domaine de la métaphysique transcendante. Ainsi, s'adressant au premier petit rustre venu, il lui demandait ce qu'était Dieu, et comme l'enfant ne savait que répondre, il s'empressait de débiter ceci ou quelque chose de pareil : « Dieu, mes enfants, est le Père, le Fils et le Saint-Esprit, vous comprenez bien ; mais le Père, le Fils et le Saint-Esprit sont de la même maison, comme moi, mon fils et ma femme; mais il y a cette différence, que la maison du bon Dieu vaut mieux que la mienne. » Là-dessus tous les enfants partaient d'un éclat de rire, et le maître d'école, irrité, avait presque une saillie : « Oui, il y a cette différence, messieurs les drôles, que le bon Dieu est entouré d'esprits, et que je suis entouré d'imbéciles ; il y a cette différence, que le bon Dieu est le maître d'école des anges, et que je suis le maître d'école de paysans, ces ignorants qui ne voient nulle part la main de Dieu, et qui ne reconnaîtraient même pas le diable à ses cornes. »

Après avoir ainsi discouru, le maître d'école, tout en nage, s'en allait trouver sa femme et sa cruche : « Dites donc, ma femme, la cruche est vide, allez à la fontaine. » Et quand la femme se faisait prier : « Si vous n'allez pas à la fontaine, j'irai au cabaret. — Allez au diable ! s'écriait la petite femme toute colère. — J'y vais, ma femme; » et il partait au plus vite pour le cabaret. Ne croyez pas que ce maître d'école si altéré fût si mal avisé que de boire à ses dépens; il buvait aux dépens de tous, même de la cabaretière. A peine au seuil du cabaret, il abordait ainsi le premier buveur venu : « Monsieur Lucas, votre fils devient de plus en plus savant; un de ces matins, cet enfant-là en saura plus que père et mère; il faut tout dire, monsieur Lucas, je l'ai mis dans le bon chemin. » A cela M. Lucas répondait par un verre de vin. A défaut de M. Lucas, c'était M. Michaud ou tout autre; le maître d'école trouvait partout l'orgueil paternel sensible à cette chanson. Quand le cabaret était désert, ce qui n'arrivait pas souvent, le maître d'école agaçait l'orgueil de la cabaretière par une autre chanson : il lui vantait son vin et ses grâces. Quand il se trouvait ivre, il disait pour sa défense que ce n'était qu'en sortant d'un tête-à-tête avec une bouteille qu'il s'apercevait clairement de cette vérité astrologique, à savoir que la terre tourne autour du soleil.

En 1790, il fut, grâce à sa belle main pour écrire, nommé secrétaire du district de Marbœuf; c'est lui qui a rédigé tous les procès-verbaux sans-culottes du terroir. Il accompagna, avec armes et bagages, les représentants du peuple au château de Marcy, à la première visite domiciliaire; les maîtres du château s'étaient exilés en attendant mieux; ils avaient laissé à la merci du peuple tout ce qu'ils n'avaient pu emporter. On fit un rigoureux inventaire dans cette solitude ; rien ne fut omis, depuis le grenier jusqu'à la cave, rien, pas même le vin, que burent à grands traits les austères représentants. J'ai vu leur inventaire aux archives de Château-Thierry ; c'est une page historique des plus curieuses et des plus édifiantes ; je me rappellerai longtemps encore ce paragraphe :

« Avons fait recherches sur recherches
« dans les souterrains, soi-disant caves du
« château ; avons d'abord trouvé vingt bou-
« teilles noires ; connaissant la suspicion du
« lieu, n'avons osé en faire la dégustation,
« et l'avons prudemment transvasé dans un
« vaisseau à ce destiné. »

Il est bien entendu que les bouteilles noires était pleines de vin d'Espagne ; que, malgré la suspicion du lieu, ils avaient eu le courage d'en faire la dégustation, et vous devinez quel était le vaisseau destiné à la transvasion.

Alors, comme messire Jean Lebeau était devenu un esprit fort, il se fit prêtre libre, sans pour cela résigner ses nobles fonctions de maître d'école, quand M. le curé de Mondelut eut abandonné son église en criant *sauve qui peut!* Point n'est besoin de vous dire quels furent le sermons de messire Jean Lebeau : il tonna contre les ignorants, contre les aristocrates, et surtout contre le cabaret, disant que tous les maux de l'humanité venaient de là.

Napoléon vint balayer du bout de son épée tous les orateurs en plein vent ; Napoléon remit tout le monde à sa place. Jean Lebeau redevint Gros-Jean comme devant ; il se remit de plus belle à cultiver l'école et le cabaret.

Tout cela alla bel et bien jusqu'en 1834 ; mais, cette année-là, il survint une bourrasque dans la vie du maître d'école : les conseillers de la commune tombèrent d'accord que le vieux père Lebeau n'était pas un assez grand génie pour leurs enfants ; ils lui donnèrent sa retraite, sans pitié pour ses cheveux blancs et pour ses peines passées ; ils lui firent à peine la grâce de le laisser en second rang au lutrin, ce pauvre vieux magister qui était sans ressource ! Il lui restait à peine l'hôpital quand je le rencontrai. J'étais allé à la messe en l'église de Mondelut, pour retrouver cette joie pieuse et solennelle que donnent le chant des hymnes sacrés, le suave parfum de l'encensoir, le divin tableau de ce christ qui domine l'autel de toute sa grandeur et de toutes ses souffrances Ce christ, cet encens, ces hymnes, me rejetèrent bientôt aux pures aurores de ma vie ; je me ressouvins avec un doux ravissement de ces jours bénis du ciel où j'aimais Dieu sans le savoir ; je me souvins aussi du bon vieux Jean Lebeau, que j'avais vu si rayonnant au lutrin. « Mais pourquoi n'est-il plus là ? me dis-je en regardant un jeune gars de mauvaise mine, nouvellement venu d'une école normale ; il est mort, sans doute, me répondis-je ; il n'avait

plus qu'un pas à faire de l'église au cimetière ;
que Dieu lui soit en aide là-haut ! » Et j'allais
peut-être dire une oraison pour la rémission
de ses péchés, quand tout à coup je l'entrevis parmi les chantres secondaires du lutrin ;
mais il n'était plus là que pour mémoire ;
à peine s'il chantait pour l'amour de Dieu.
Sa figure, naguère si gaie et si insouciante
encore, était devenue morne à faire peur ;
de temps en temps il tournait la tête avec
envie, avec regret, avec douleur, vers l'estrade
qui avait été son trône pendant un demi-siècle ; il jetait un regard de désolation sur
la chape à franges d'or, le surplis dentelé et
autres ornements qu'il avait portés avec tant
d'orgueil ; et puis il soupirait et se remettait
à chanter.

A la sortie de la messe, comme je m'étais
arrêté sous le portail pour revoir une vierge
gothique sculptée dans l'ogive, le vieux Jean
Lebeau vint à passer près de moi ; il était
triste, morne, silencieux comme un exilé qui
rêve du pays natal ; il avait le front abattu

comme un roi qui a perdu sa couronne. Je lui tendis la main avec une secousse du cœur : le pauvre homme, s'imaginant que je lui offrais une aumône, se détourna avec une fierté blessée; mais je lui saisis la main. « Que me voulez-vous? murmura-t-il tout surpris. — Je suis un de vos écoliers, répondis-je en souriant. » Le vieux maître d'école se ranima soudain. « C'est vous! s'écria-t-il; ah, mon Dieu! nous avons bien changé! » Le jeune pédant passait alors avec une douzaine d'écoliers ou d'enfants de chœur, dont les regards malins insultaient le vieillard. « Voilà ce que c'est, dit-il en suivant de l'œil les écoliers moqueurs, voilà ces enfants que j'aime tant, ils se moquent de mes cheveux blancs. » Il essuya une larme qui fut amère pour moi. Le portail débordait de fidèles qui s'arrêtaient tout étonnés devant le vieux maître et l'écolier barbu; Jean Lebeau jeta autour de lui un regard de triomphe, un regard magnifique, comme autrefois en son école. Hélas! ce fut le dernier.

J'entraînais le vieillard sans savoir où. Nous nous trouvâmes bientôt devant la chaumière recrépite servant d'école, dont la façade était encore tapissée par le fidèle cep de vigne. « Ah! si vous aviez voulu, dit-il, vous seriez là! au moins je pourrais vous aller voir, et vous ne m'empêcheriez pas de chanter au lutrin, vous! Mais je perds la tête : est-ce que vous auriez voulu être maître d'école? c'est pourtant un beau métier que celui-là! » Comme dans les romans, j'offris ma bourse au vieillard; il est vrai que c'était la bourse d'un poëte. « Hélas! me dit-il, que voulez-vous que j'en fasse? c'est mon école que je regrette, ma vieille maison, où je respirais je ne sais déjà plus quel bon parfum d'innocence et d'amour! c'est ma vieille table boiteuse, coupée par les enfants, où je jetais si vaillamment les lettres majuscules; c'est mon vieux fauteuil vermoulu, où je sommeillais de si bon cœur; c'est le rayon de livres que je n'ouvrais jamais, mais dont la vue me donnait tant de joie; c'est aussi le silence bruyant des écoliers, le parfum de jeunesse qu'ils répandaient autour de mes cheveux blancs ; c'est surtout ce vieux banc que je viens revoir tous les jours avec le soleil ; c'est là que je fumais, les soirs, en compagnie de ma pauvre vieille, tout en regardant cette vigne qui grimpe toujours de plus belle en plus belle. Les magnifiques grappes qu'il y aura aux vendanges ! Adieu la vendange pour moi ! Ah, les cruels ! ils m'ont mis à la porte comme un rien-qui-vaille, tout nu, sans pain et sans asile. Ils ne m'ont laissé que cette souquenille, que je couvrais le dimanche des ornements de l'église. Et pas un de ces enfants que j'ai tant aimés n'est venu à mon aide ! Vous êtes le premier que je trouve compatissant. J'ai bien deux filles mariées du côté de Vervins, je dois aller mourir sous leur toit ; mais quand je serai près d'elles, je serai loin de mon école ; et comment mourir loin de mon école, qui est ma vraie patrie ? Mais, patience, je serai bientôt au bout de mes peines ! »

Le vieux Jean Lebeau avait été recueilli au presbytère, en attendant son départ pour Vervins, ou plutôt en attendant son départ pour l'éternité. Il ne survécut guère à sa chute du trône; bientôt il tomba malade, il prévit sa fin prochaine. Un jour du mois de septembre, un peu avant le coucher du soleil, il enfreignit l'ordre du médecin, il se leva sans mot dire, et s'en alla péniblement jusqu'à la maison d'école, qui n'était pas loin du presbytère. Il entra furtivement et demanda grâce du regard. A la vue de ce moribond, les enfants crièrent au revenant.

« Oui, mes chers enfants, dit-il, un pauvre revenant qui voudrait bien encore une fois vous donner une leçon. »

Tout en disant cela, il s'était avancé vers le jeune maître d'école.

« Allons, allons, un peu de place, s'il vous plaît! »

Le jeune maître d'école se dérangea involontairement.

« A la bonne heure ! je vous rendrai cela là-haut. »

Il s'assit dans son vieux fauteuil, imposa silence, et ordonna à un écolier de lui lire l'évangile de la fête des Morts. L'écolier lut aussitôt l'évangile.

« C'est cela, mon cher enfant, c'est bien cela ; inclinez la tête avec plus de respect quand vous prononcez le nom sacré de notre Seigneur Jésus-Christ. »

Le pauvre vieux Jean Lebeau était rayonnant comme en ses plus beaux jours, mais cette secousse de joie épuisa ses dernières forces : il tomba évanoui sur l'estrade ; il fallut le transporter mourant au presbytère.

Le lendemain, comme il n'avait plus qu'un souffle, et que déjà on récitait pour lui la prière des agonisants, il sembla se ranimer tout à coup.

« Pour dernière grâce en ce monde, dit-il en regardant par la fenêtre ouverte la cheminée de son ancienne chaumière, je demande une grappe de raisin de mon cep de vigne. »

La servante du curé, attendrie par ce vœu d'un mourant, sortit pour aller lui cueillir une grappe; mais, hélas! quand elle revint il était mort.

# HISTOIRE D'UN SCULPTEUR SUR BOIS.

Il vient de mourir, dans un petit village de la Thiérache, à Verdières, un pauvre sculpteur sur bois, dont je ne puis m'empêcher de vous raconter la vie. Jacques Férou était né à Verdières en 1790. « Je dois cela, disait-il, à un pauvre diable de laboureur qui a fort bien cultivé sa terre, mais qui a fort mal cultivé sa vie. » Dès son enfance, Jacques fut surnommé *le Rêveur* par tous les gens de son village. En effet, depuis le berceau jusqu'au cimetière, il eut toujours l'air de rêver. « Nous ne sommes guère plus libres ni plus éveillés que les morts, disait-il, seulement nous rêvons; le rêve nous vient de je ne sais où, il nous conduit je ne sais où, bon gré mal gré. » Cependant Jacques fit toujours tous ses efforts pour rêver à sa guise, c'est-à-dire pour vivre à sa guise. Il montra une volonté de fer, qui, sur un autre théâtre, l'eût peut-être conduit à de grandes choses, mais qui, au village de Verdières, ne fit de lui qu'un fou presque raisonnable.

A l'école, il apprit à lire de toutes ses forces, répétant, d'après son grand-père, qu'on n'était pas un homme avant d'avoir lu la Bible : mais il ne voulut jamais apprendre à écrire. « A quoi bon ? je n'ai rien de bon à écrire à personne ; je ne serai ni notaire, ni maître d'école. » Sa sœur, pour le décider, lui dit qu'un jour il serait bien sot de ne pouvoir écrire à son amoureuse. « Bah !

il faudra bien qu'elle m'écoute ! Est-ce que ma bouche ne vaut pas mieux qu'une plume ? »
Au sortir de l'école, il entra dans l'atelier d'un pauvre sculpteur sur bois, qui n'avait plus grand'chose à faire depuis la Révolution, mais qui travaillait pourtant par amour de son art. Un ami de ce sculpteur, émerveillé du jeune talent de Jacques, voulut l'emmener à Paris quelque temps après, et, pour cela, il lui fit les plus belles promesses. « Non pas, dit notre jeune sculpteur ; je suis venu au monde ici, c'est ici que je veux m'en aller du monde. Le bon Dieu avait ses raisons pour me donner en Thiérache une place au soleil ; le soleil est tout aussi bon là que plus loin. » Le Parisien n'insista pas ; il laissa le jeune philosophe dans la solitude et l'obscurité de la province. Mais bientôt, ce fut le tour de Napoléon, qui voulut l'emmener avec tant d'autres à la guerre d'Espagne. « J'en suis bien fâché pour Napoléon ; je n'irai pas si loin pour mourir. Qu'il s'arrange comme il voudra en Espagne, cela

ne me regarde pas. » Le préfet envoya deux gendarmes pour lui faire prendre la guerre au sérieux. « Le voilà donc, ce lâche-là, dit un des gendarmes en le saisissant au collet. — Lâche! s'écrie Jacques, nous allons voir un peu. » Là-dessus, il s'y prend si bien des pieds et des mains, qu'il jette les deux gendarmes à la porte de l'atelier. Les pauvres gendarmes avaient beau faire, ils s'en allèrent clopin clopant, sans emmener Jacques. Le lendemain, quatre gendarmes : « C'est vous qui êtes des lâches, » dit le sculpteur ; et, voyant bien qu'il serait vaincu s'il s'avisait de lutter contre quatre, il s'enfuit par les toits, et gagna une carrière abandonnée.

Comme un de ses oncles était maire de la commune de Verdières, il lui dit que, s'il voulait se marier, il parviendrait peut-être à le faire réformer. « Ah! oui, dit Jacques, je serai réformé, comme étant affligé d'une femme. C'est égal, mon oncle, je veux bien me marier avec Élisabeth D*** ; elle a des yeux qui viennent du bon Dieu, et qui iront

au diable si je ne m'en mêle. Je l'épouse. »
Mais Élisabeth fit la sourde oreille, et
Jacques ne se voulut plus marier; il brava
les gendarmes jusqu'en 1814, vivant de peu,
se cachant tantôt dans la carrière, tantôt
dans les bois, tantôt dans le grenier de la
maison paternelle, sculptant des pierres ou
des arbres. On l'avait surnommé *le Rêveur* et
*le Philosophe;* on le surnomma *l'Ermite.* En
effet, il menait bien la vie d'un ermite, marchant dans les sentiers perdus, cueillant des
herbes ou des fleurettes, mangeant un fruit
sauvage le long de la haie, buvant à la fontaine de la montagne, se reposant sur une
roche pour voir la splendeur du soleil couchant. Et puis le soir, entrant en silence à la
petite ferme de son père ou à celle de son
oncle, soupant, dans un coin, d'un peu de
pain et d'un peu de lait, et s'endormant, pardessus tout cela, sur une brassée de paille,
sans souci du lendemain, comme un homme
qui est loin des passions de la terre.

Vers la fin de 1813, un vieux paysan de

Marsault fit bâtir, pour ses derniers jours, une petite maison au fond de la vallée, dans un champ de luzerne, où, malgré les défenses du garde champêtre, les moissonneurs et les vignerons avaient fait un sentier pour arriver plus tôt. Ce sentier était un des chemins bien-aimés de Jacques, il ne savait trop pourquoi, peut-être parce qu'un jour il y avait rencontré Élisabeth D***, qui allait cueillir des pêches dans sa vigne. Et puis, grâce à ce sentier, il pouvait, en descendant la montagne, se dispenser de suivre le grand chemin pour gagner les bois. Dès qu'il vit les maçons installés dans la luzerne, il s'en alla trouver le vieux paysan : « Je vous avertis que vous avez beau faire, vous ne m'empêcherez pas de passer par ce sentier. — En vérité? dit le vieillard en hochant la tête, et quand la maison sera bâtie, tu feras donc une enjambée par-dessus? — Je ferai comme je pourrai, mais je vous jure que je ne me détournerai pas de mon chemin. » La maison s'élève au beau milieu du sentier. Jacques laissa faire les maçons sans les troubler ; mais à peine tout est-il fini, qu'il reprend sa promenade dans le sentier comme si de rien n'était. Il arrive tout droit à la porte de la maison ; le vieillard était sur le seuil, le regardant venir avec un petit sourire moqueur. « Eh bien ! Jacques, te voilà donc à l'œuvre à ton tour ? » Jacques ne répondit pas ; il franchit le seuil d'un air grave, il traverse la maison, il ouvre la fenêtre, et le voilà de l'autre côté sans avoir interrompu sa rêverie. Le lendemain, pareille scène ou à peu près. Le vieillard voulut d'abord se fâcher ; Jacques n'en traversa pas moins sa maison. Au bout de quelques jours, le vieillard s'avisa de fermer la porte à la clef à l'heure où Jacques passait. Ce que voyant, Jacques s'assit sur le seuil et attendit sans impatience. Le vieillard vint lui ouvrir la porte. « Si cela te fait plaisir, mon garçon, passe tout à ton aise. Seulement, puisque tu t'es bien reposé sur le pas de la porte, tu te reposeras bien un peu à mon feu ; viens souper avec moi. » La table étant mise, Jacques la dérangea sans mot dire, ouvrit la fenêtre comme de coutume, et s'élança de l'autre côté, sous les yeux du vieillard ébahi.

Quand Jacques n'eut plus les gendarmes à ses trousses, il abandonna le sentier, mais cependant pas tout à fait. Le vieillard avait pris en amitié ce garçon bizarre, au point qu'il s'ennuyait de ne plus le voir passer. « Ah! Jacques, lui dit-il un dimanche à la sortie de la messe, la porte est toujours ouverte, mais tu ne passes plus; cela n'est pas bien. » Le vieillard, à son lit de mort, recommanda à sa fille de laisser Jacques faire toutes ses fantaisies. C'était une femme veuve qui, depuis son veuvage, habitait la maison avec son père. Suivant la chronique du pays, elle suivit les vœux du vieillard. Jacques traversa la maison comme de coutume; cependant, la veuve se remaria et vendit la maison. J'ai vu le contrat; parmi les clauses et conditions, au paragraphe des servitudes actives ou passives, apparentes ou occultes, il était dit « que sous aucun prétexte l'acquéreur ne pourrait refuser le passage, dans sa maison, au sieur Jacques Férou, qui n'aimait pas à se déranger, et qui était un ancien ami de la venderesse et de son défunt père. » Deux fois depuis, la maison a été vendue sous la même réserve : aussi cette maison n'est plus connue que sous le nom de *maison de Jacques*.

En 1816, le maître de Jacques mourut; Jacques, malgré sa famille, continua à sculpter sur le bois, gagnant à peine de quoi vivre en anachorète. Cette année-là il acheva une sainte Marie, mère de Dieu, et une sainte Marie-Madeleine, qu'il donna à l'église de Verdières. La Révolution avait dépeuplé les deux niches de la chapelle de la Vierge, on y mit l'œuvre du sculpteur. Cette œuvre surprit tout le monde. Jacques n'était donc pas tout à fait un fou? Qui lui avait si bien enseigné l'art d'animer le bois? Où avait-il surpris ce divin sourire de la reine des cieux, et cette larme un peu troublée de Madeleine repentante? D'où lui venait cette sainte patience qui avait si bien modelé ces figures adorables? Voilà les mystères de l'art ; ce sont presque des mystères pour l'artiste.

Peu de temps après, il fut appelé au château de Marsault pour refaire quelques panneaux dévastés, venus du couvent voisin. Il gagna là un millier d'écus en l'espace de deux ans. On lui en voulut d'être si bien payé; cependant, à l'heure qu'il est, son travail serait acheté plus de cinq mille écus par un marchand de bric-à-brac. On lui conseilla, dans sa famille, de placer son argent en bons biens au soleil; il fit mieux que cela : son arrière-cousine attendait une dot pour se marier, il lui fit cette dot, en déclarant que, si dans les six semaines sa cousine n'avait pas un mari, il se résignerait à en passer par là. Heureusement elle trouva un mari ailleurs. Comme on faisait des reproches à Jacques de cette munificence ridicule, il répondit qu'il plaçait son argent à sa façon.

Malgré cette bonne œuvre, on voulut bien admettre qu'il n'avait pas perdu la tête sans rémission, qu'il finirait par redevenir un homme comme un autre. Mais cette bienveillance de ses concitoyens ne dura guère : Jacques fut bientôt déclaré fou par autorité de justice, voici à quel propos : Un ruisseau, qui est quelquefois une petite rivière, traverse le village de Verdières. Un pont de bois, dont l'origine se perd dans la nuit des temps, servait de passage le mieux du monde, mais en 1817 les conseillers, ne sachant que faire du revenu d'un lot de peupliers provenant de la pâture communale, s'avisèrent de bâtir un pont de pierre. Ils furent plus de quinze jours à chercher l'endroit propice, demandant avis aux uns et aux autres, mais n'écoutant qu'eux-mêmes. Jacques fut consulté. A son avis, le pont de pierre devait être bâti sur les débris du pont de bois ; d'abord, parce qu'on avait coutume de passer l'eau à cet endroit, ensuite parce que le lit du ruisseau était moins profond là que partout ailleurs, et qu'un enfant pouvait, sans trop de danger, tomber du pont dans l'eau ; enfin, il donna bien des *raisons raisonnables*, mais les conseillers vaniteux n'en firent qu'à leur tête : le pont fut bâti un peu plus loin, devant la maison du plus influent de la commune. « Heureusement que je n'y passerai jamais, » dit Jacques. Dans la nouveauté, tous les habitants prirent plaisir à se prélasser sur le pont ; mais après cet engouement, on revint naturellement au pont de bois, on se moqua du pont de pierre, on alla jusqu'à faire une chanson sur son compte avec ce refrain : *C'est le pont aux ânes.* Les pauvres conseillers furent bientôt les seuls qui passèrent sur leur pont. Dans leur dépit, ils tinrent conseil. Après trois séances des plus orageuses, ils trouvèrent une idée ingénieuse : « Si nous abattions ce pont de bois, il faudrait bien passer sur le pont de pierre. »

Aussitôt dit, aussitôt fait. Le lendemain, au lever du soleil, le pont de bois avait disparu. Tout le monde prit son parti, Jacques lui-même. Il avait coutume de passer le pont vers dix heures, au retour d'une petite promenade qu'il faisait en déjeunant.

Ce jour-là, vers dix heures, plus de cinquante paysans vinrent pour le voir passer. Il regarda les curieux de loin avec un peu de surprise, mais il avança toujours vers le ruisseau. Quand il vit qu'il n'y avait plus de pont, il sourit avec pitié et avec dédain; mais cela ne l'arrêta pas le moins du monde: il marcha tranquillement dans l'eau jusqu'à la rive opposée, comme s'il eût marché sur le sable ou dans l'herbe; il gagna son atelier sans détourner la tête, regrettant le vieux pont de bois comme on regrette un vieil ami perdu. Le lendemain, il passa l'eau comme la veille. Il en fut ainsi jusqu'à sa mort. L'hiver il allait se promener d'un autre côté, si bien qu'il n'a jamais mis le pied sur le pont de pierre.

Je n'en finirais pas si je vous disais toutes les bizarreries de ce brave homme, qui fut un des meilleurs sculpteurs sur bois que la France ait eus. En 1832, Elisabeth, qu'il aimait par boutades, mourut du choléra ou plutôt de la peur du choléra. Elle avait épousé le médecin d'un village voisin. Comme Jacques allait à l'église prier Dieu pour elle, il s'aperçut pour la première fois que sa sainte Marie Madeleine était l'image de sa bien-aimée. « Je ne croyais pas tant l'aimer, » dit-il.

Cette même année, Jacques avait perdu sa mère; il ne trouvait plus personne à aimer dans ce monde, il résolut de mourir. « Comme je ne laisse pas grand'chose à mes héritiers, dit-il, je ne veux pas leur laisser le soin de me faire un cercueil; c'est bien le moins que je fasse cela moi-même. » Il se mit à l'œuvre, il ébaucha en quelques jours ce cercueil, qui était, s'il en faut croire des yeux savants qui l'ont vu inachevé, un des chefs d'œuvre de la sculpture sur bois.

Le curé de Verdières apprit que Jacques voulait mourir, et que pour cela il n'attendait que l'achèvement de son cercueil : il alla le trouver et le supplia de sculpter deux anges pour l'autel; ainsi il le forçait de vivre encore. Jacques commença par dire qu'il n'avait pas le temps, qu'il devenait très-paresseux, que ses yeux n'y voyaient que deux heures par jour. Le curé s'y prit si bien qu'il mit l'orgueil en jeu. Jacques trouva que c'était un moyen de faire ses adieux au monde; il mit de côté le cercueil, disant que, s'il l'achevait, il n'aurait plus que la force de s'y coucher.

Il ne vint à bout des deux anges qu'en 1837. Il reprit son cercueil sans désemparer et ne le quitta plus.

Un vendredi du dernier mois d'avril, il le porta dans l'église et y déposa ses outils. Depuis ce jour jusqu'au jour de sa mort, on le vit errer comme une ombre par la campagne.

Un soir qu'il s'était assis au bord d'un

seigle, un passant lui demanda d'un ton de compassion ce qu'il faisait là : « Laissez-moi faire, dit-il, je suis en train de mourir. »

Il aima jusqu'à la fin le sentier du bas de la montagne. Dans ses derniers jours, il s'y promena encore avec un sombre plaisir, traversant la maison sans avoir l'air de s'en douter. Un matin, de cette maison on l'entendit qui disait : « Ah ! Élisabeth ! Élisabeth ! si vous aviez voulu ! » Il s'arrêta comme s'il eût vu passer Élisabeth avec l'auréole de ses vingt ans. « C'est cela, reprit-il, Élisabeth avec ses beaux yeux, son blanc corset, sa jupe rouge, son sourire si agaçant... C'était le beau temps quand elle allait cueillir des pêches dans les vignes ! » Il tendit les bras et les laissa retomber avec désespoir. Un instant après il tourna les yeux vers le ciel : « Tout est là haut ! tout est là haut !... » Voilà les derniers mots qu'il ait fait entendre. Le lendemain, on le trouva dans son cercueil, couché pour l'éternité.

Sa mort ne put pas mieux s'expliquer que

sa vie. Dans sa volonté de mourir, il semble que la mort soit venue au-devant de lui. A coup sûr, il n'est pas allé au-devant de la mort. Il fut enterré sans éclat et sans bruit, à côté d'un mort étranger. Mais qu'importe? n'est-il pas avec ses outils dans un cercueil qui est son chef-d'œuvre? Mais qu'importe? tout n'est-il pas là haut, surtout Élisabeth, qui avait de si beaux yeux quand elle allait cueillir des pêches dans les vignes.

FIN.

# TABLE DES MATIÈRES.

| | |
|---|---|
| MADEMOISELLE DE KÉROUARE. | 1 |
| NIEDERSTEINSCHLOSZ. | 127 |
| LA MEUNIÈRE DU MOULIN A EAU. | 181 |
| LE ROMAN DANS LE BOIS DE BOULOGNE. | 203 |
| STERNE ET ÉLISA. | 223 |
| UN PÈLERINAGE A NOTRE-DAME-DE-LIESSE. | 243 |
| VICHY ET LE MONT-D'OR. | 279 |
| LE MAITRE D'ÉCOLE CHAMPENOIS. | 307 |
| HISTOIRE D'UN SCULPTEUR SUR BOIS. | 327 |

www.ingramcontent.com/pod-product-compliance
Lightning Source LLC
Chambersburg PA
CBHW072006150426
43194CB00008B/1020